歌が街を照らした時代

久世光彦
Kuze Teruhiko

幻戯書房

目次

I

装幀　真田幸治

歌が街を照らした時代

I

阿久悠の向うに海が見える

阿久悠の向うに海が見える。白く光る海が見える。行き遇《あ》うのが都会の真ん中でも、その時刻が重い雨に降りこめられた夜半でも、きまって彼の肩のうしろには海が光って見えるから、私たちはちょっと戸惑ってしまうことがある。しかし、私たちのまわりには、時々そんな人がいるものだ。たとえば横尾忠則、この人が角を曲がって現れるとき、その姿より先に何かキラキラ光る細かい金属の粉のようなものが風に舞ってこっちへやって来るのが見える。その不思議な煌《きら》めきが横尾忠則の予感である。あるいは小林亜星、奇異に思う向きもあるだろうが、この人のまわりには微かな桜の香りが漂っている。別に上等のオー・デ・コロンをつけているわけではない。本人も知らない馥郁《ふくいく》たる香りである。そう言えば、死んだ澁澤龍彦の行くところ、まるでその影を追うように、彼の周囲には白昼でも艶《あで》やかな闇が垂れこめていた。

あるひとつことに拘泥しつづけたり、たとえ偏りすぎるくらい偏っていたとしても、その人にしかない確かな人生を経て来た人たちの周辺には、こうした色や輝きや匂い、音や温度や空気の動き、そういったものがはっきり感じられるものだが、それは別に神秘でも何でもない。見えつ隠れつその人の想念の中に絶えずあるものが、水がゆっくり滴るように流れ出ているだけの話である。横尾忠則はいつも異星人のことを想っている。小林亜星の音楽の原風景は狂わんばかりに咲き乱れる爛漫の桜である。澁澤龍彦が一生かけて瞶《みつ》めつづけたのは、人の心の奥底の漆黒の闇だった。それならば、阿久悠の彼方に光るあの海はいったい何なのだろう。

　想念などと言うと難しくなるから、話をもう少しわかりやすくしよう。俳句のように、人にもそれぞれ季語、季題のようなものが一つずつある、というのはどうだろう。たとえば竹久夢二なら〈女〉、ずいぶん名誉な季語である。乱歩は〈幻《まぼろし》〉、山頭火が〈風〉で昭和天皇は〈金木犀〉。他人のことばかりでは面白くないから自分についても考えてみるのだが、残念なことに季語らしいもの、何も浮かばない。きっと五十年、無為に過ごして来たのだろうと、ちょっと淋しくもなる。人間、季語のひとつぐらいは懐にしのばせて死にたいものだが、いまとなってはもう遅い。

　ところで、阿久悠の季語はまぎれもなく〈海〉である。そう言ったらある友人が、〈少年〉というのはどうだろうと言う。なるほどそれもあるかもしれない。一瞬、中年の阿久悠の姿にオーバーラップして、麦藁帽子にランニングシャツの少年が見えはしたが、私の歳時記では〈少年〉はいま少しいろっぽい季語である。この季語は、昭和のはじめの挿し絵画家・高《たか》畠《ばたけ》華宵《かしょう》の方がよく似合う。『馬賊の唄』〔池田芙蓉著〕の、あの白馬に頬寄せた山内日出夫少年の絵姿を見たら、阿久悠だって辞退するだろう。あれは幻、昭和の危な絵である。そうなるとやっぱり阿久悠は〈海〉できまりである。

『瀬戸内少年野球団』のラスト・シーンを覚えているだろうか。島を去るムメを乗せた連絡船が港を離れ、黒い点になって消えて行く船を見つめながら、残された竜太はハーモニカを吹き、バラケツが怒鳴るように唄う。曲は田端義夫の「別れ船」である。

名残りつきない　はてしない
別れ出船の　かねがなる
思いなおして　あきらめて
夢は潮路に　捨ててゆく

〈疎開小説〉というジャンルがもしあるとしたなら、阿久悠の『瀬戸内少年野球団』は小沼丹の『村のエトランジェ』と並んで〈疎開小説〉の傑作であった。前者が疎開者を迎える地方の少年たちの立場から書かれているのに対し、後者には都会からの訪問者としての小心で怯懦《きょうだ》の眼があり、作家の出身からしても両者は対照的なのだが、昭和二十年代はじめの地方と中央の接触が、庶民の文化や心情、生活風習に言語、絶えず揺れ動くセンチメント、あるいはそれぞれが五分に抱いていた優越感と劣等感、など様々な面でナイーヴに描かれていて、あの時代に少年だった私たち世代にとっては、ともに甘くもあり、おなじくらいに苦くもある忘れがたい作品なのである。〈疎開小説〉と言われるのを阿久悠は嫌がるかもしれないが、呼称はどうあれ、地方へ疎開して中央に戻って行った少年たちと、疎開者を知ったことによって都会へ誘われるように出て行った少年たちとが、それ以後おなじように、戦後の何やら胡散《うさん》臭《くさ》い文化の中に半信半疑のまま呑み込まれて行ったことを考えると、日本の歴史にたった一度しかなかった、ごく短い期間における両者の接点はすべてこの二つの小説の中に描かれていると言っていい。

「別れ船」はそういう阿久悠のキイ・ソングである。彼は死ぬまで忘れない歌として、かならずこの「別れ船」と「悲しき竹笛」を挙げる。「悲しき竹笛」はやはり『瀬戸内少年野球団』に竜太が聴くたびに悲しくなる歌として出てくるが、これもおなじころ、昭和二十一年に近江俊郎と奈良光枝がデュエットして流行った歌だった。

ひとり都の　たそがれに
思い哀しく　笛を吹く
ああ　細くはかなき　竹笛なれど
こめし願いを　君知るや

〈都〉という言葉が冒頭から現れるこの歌は、少年阿久悠にとってセンチメントの次元での〈東京〉の象徴だったはずである。この歌は限りなく甘く、耳にするたび繰り返し繰り返し、彼を〈都〉へ手招きする。もうひとつの阿久悠のキイ・ソングである。一方、「別れ船」が彼に囁いたのは残された少年の悲しみだった。行ってしまった少女は、中央の文化と同義語である。そして、この二つの歌が淡路島の少年の中に、烈しいエネルギーを呼び起こした。〈海〉が果てしなくひろがる「別れ船」と、〈海〉のまったく見えない「悲しき竹笛」と。

阿久悠において対極にあるこの二つの歌に共通してあるのは、それとしかうまく言いようのない〈あのころ〉のデカダンである。戦争が終わって世の中明るくなったのだと大人たちは言うが、これは本当の明るさなのだろうか。空が青ければ青いほど不安になるのはどうしてだろう。〈自由〉とか〈解放〉とか大人たちは間延びした顔で喜んでいるけれど、どうして自分たちは素直に馴染めないのだろう。私たちは、前の時代に何かとんでもない忘れ物をして来たのではなかろうか。……あのころの少年たちは、みんなそんな風に思っていた。そんな風にひねくれてみせた少年たちの耳に流れ込んでくる歌は、希望の歌も、恋の歌も、どこか虚しくデカダンだったのである。新しい教科書も信じがたく、戦争帰りの教師の気弱に泳ぐ眼も信じがたく、いい時代になったと言いながら妙に言葉少なになった親も信じがたく、それなら何を信じようと考えたところでわかるはずもなく、せめて大人の歌でも歌おうかと歌う歌がデカダンなのは当たり前だった。

だから、〈あのころ〉少年だった私たちの世代は、みんな一つずつ忘れられないデカダンの歌を持っている。阿久悠の親友だった、死んだ上村一夫は「港が見える丘」だった。酔えばギターを抱え、抜けた歯の間から洩れる吐息のように呟く上村の「港が見える丘」を、私は阿久悠といっしょに何度泣き笑いしながら聴いたことだろう。倉本聰は「君待てども」だという。昭和二十三年、「港が見える丘」とおなじ平野愛子が歌った絶望的なブルースである。小林亜星は、いまでも「星の流れに」を歌っていて、三番の《飢えていまごろ　妹はどこに／一目逢いたい　お母さん》というフレーズに来ると涙を流す。和田誠は岡晴夫の「東京の花売娘」、松井邦雄はサトウハチローの「黒いパイプ」というタンゴ、私はと言えば、

「悲しき竹笛」とおなじ昭和二十一年に柴田つる子というあまり有名でない歌手が歌った「港に灯りのともる頃」だった。そんなデカダンの歌を一つずつ大切そうに抱えこんで、こんなにも拘《こだわ》りつづける〈あのころ〉とはいったい何だったのだろう、と繰り返し自問しているのが私や阿久悠の世代なのである。

阿久悠の〈海〉がだんだん見えて来た。彼の季語である〈海〉は、宮城道雄の春の海でもなければ、裕次郎の海でもなく、青木繁の『海の幸』の海でもない。阿久悠の向うに白く光って見えるのは、〈あのころ〉の〈海〉なのである。近年、彼が特に小説というジャンルで捜しつづけているのは、あの輝く〈海〉の上に浮かべてよく似合う文化ということではないだろうか。〈あのころ〉私たちが鵜呑みにさせられ、途中からは私たち自身も参加して行った戦後の文化は、あの輝く〈海〉を前にしたとき、はたして恥ずかしくないものだったろうか。そう問いかけることは、もしかしたら『瀬戸内少年野球団』の島の少年たちが塗りつぶした教科書の墨を、四十数年経ったいま、もう一度洗い流してみることかもしれないし、「別れ船」を真顔で、しかも大声で歌ってみることかもしれない。そのとき、あの朝焼けの水平線の上に何かが見えて来るだろう。その朝まで、私たちは死ぬわけにはいかないのだ。

時代

私は人前では決して歌わないが、一人でいると、街中の石段を降りながらとか、列車の窓から海の落日を眺めながらとか、ベッドサイドのスタンドを消した後の闇の中でとか、口の中で呟くように歌っていることがよくある。別に可笑しなことではないと思うし、むしろ歌はそうして歌うものだと私は思っている。歌は一人遊びの玩具である。だから私の玩具箱の中には、塗料が剥げて壊れかけた玩具もあれば、何度か捨てようとして思い直した玩具もあるし、雨の夕暮れにしか遊ばないものや、近所の子たちがきたときに得意になって見せびらかしたい、蛍みたいに光る歌もある。ふと考えてみれば、それは、人が誰でも人生の押入れの中に一つずつ匿《かく》している玩具箱なのかもしれない。その人が死んで、家族や友人たちは首を傾げる。――どうしてこんな玩具を大切そうに蔵《しま》っていたのだろう。一つぐらいは手に取ってはみても、彼らはすぐにそれを箱に戻し、やがてその人の顔や声といっしょに、水色のビー玉や黒い機関車のことを忘れてしまう。

私の玩具箱には、阿久悠の歌がいくつかある。他の歌たちと違って、この人の歌には硬い手触りがある。だから目をつむってでも、すぐに探し当てることができる。掌の上にしばらく載せていると、ぼんやり涙色に光りはじめる歌がある。たとえばそれは「本牧メルヘン」だ。《ジョニーもスミスも　泣くのを忘れて／海鳴りに向って　歌っていたよ……》。あのころは、カタカナの名前がどうしてか哀しかった。鷗の啼き声なんて聴いたこともないのに、酔った女の投げやりな悲鳴にそっくりだと信じていた。ジョニーもスミスも口笛が上手で、安いオー・デ・コロンの匂いがして、彼らが見ている海は、いつだって冬の海だった。あれは〈不良〉たちがキラキラ輝いて見えた最後の時代だった。

「さだめのように川は流れる」は怖かった。あの歌が聴えてくると、私は日暮れの墓地の真ん中に一人とり残されたように怖かった。振り返っても、振り返っても、後ろから尾《つ》いてくる歌だった。《その日／その日の川は眠そうに／暗い／都会をうつして流れてた……》。私は杏真理子という歌手が、遠い海の向うで死んだと聞いたとき、ようやくホッと息をついた。あの子が死んでくれなかったら、私はいまでもプーシキンの〈青銅の騎士〉に追い回されるペテルブルグの男のように、夜の街を逃げ惑っていたかもしれない。

阿久悠には、途方もない大きな風景がパノラマのように見えてくる歌がいくつかある。そしてそこには、いつも大きな風が吹いている。その風景が広ければ広いほど、その風が走れば走るほど、人は自分がどんなに小さな生き物かを思い知らされる。大きな吐息のすぐ後に、ふと零《こぼ》れた自分の溜息を聴かなければならない。そんな最初の歌が「あの鐘を鳴らすのはあなた」だった。《町は今　砂漠の中／あの鐘を鳴らすのは　あなた／人はみな　孤独の中／あの鐘を鳴らすのは　あなた》。この歌は、その日の心の在りようでいろいろに聴えたものだ。炎の渦に巻かれて、灰と塩の降るソドムの町の嘆きの声の日もあり、ある日は、洪水の後に索漠として広がるアララト山の岩だらけの風景の、何も語ることをしない長い長い沈黙のようでもあった。けれど耳を澄ましてみると、ほんの小さくではあったが、吹く風の中に、オリーブの若葉をくわえてノアの箱舟に戻った鳩の、可憐な声が聴えるのだった。この歌がどうして私に『創世記』の物語を思い出させるのか――その不思議を誰か教えて欲しい。

《女は眠いと　目をとじる／夢でも見るなら　それもいい／雨戸細目に　そっとあけ／あおぐ夜空は　雨あがり》――これは「昭和放浪記」である。《指のつめたさ　うなじの細さ／肩のはかなさ　まつ毛の長さ／すべて重たい　悲しみつれて／ひとりお前は生きている／男もつらいし　女もつらい／男と女は　なおつらい》――それから五年ほど後に書かれた「夢ん中」の女は、花という名の「昭和放浪記」の女とたぶん同一人物である。六〇年代から七〇年代にかけてのあのころ、私はささくれ立ってどうにも治まりのつかない気持ちを抱えて、夜な夜な街の任俠映画に通っていた。やくざに憧れたのではなく、理には無知で、情だけが濡れ濡れと火照った女たちに逢うためだった。そんな女を庇《かば》ってやることぐらいしか、私には男らしさというものが思いつかなかったのである。私は自分のことを柳の枝のようだと思っていた。川端の風に揺れていると、水際の川辺に一輪の黄色い花が見えた。掠れた声で呼んでみたけれど、ネオンの街の音に紛れてか、花は振り向いてくれなかった。

つい先ごろの話である。あるドラマの打ち上げの会があって、そこで諸星和己が不思議な歌を歌った。まだ二十代の彼が、二十年以上も昔の「街の灯り」を、御詠歌のように薄暗く歌ったのである。《街の灯りちらちら　あれは何をささやく／愛が一つめばえそうな　胸がはずむ時よ》。それまでの手拍子が引き潮のように静まって、みんな放心してこの世の終わりみたいな「街の灯り」をぼんやり聴いていた。歌には、ときに思いもよらない貌《かお》があるものだ。この歌には、こうした歌い方もあったのか。赤ん坊のような声が聴えるので店の薄暗がりを探してみたら、小泉今日子が両膝の間に頭を埋めて、細い声で泣いていた。鳥の子みたいに泣いていた。

赤ん坊と言えば、あの古風な乳母車を見かけなくなってずいぶんになる。白いレースの日覆いがついた、籐造りの乳母車である。私はあれに弱かった。若い母親が、木洩れ日のなだらかな坂道を、乳母車を押していくのを見ると、私はどうしても泣いてしまうのである。乳母車の中から見上げた葉桜の繁みの向うの青空が、私たちの世代の原風景ではないかと思うことがある。三好達治の〈母よ――淡くかなしきもののふるなり／紫陽花いろのもののふるなり／はてしなき並樹のかげを／そうそうと風のふくなり／時はたそがれ／母よ　私の乳母車を押せ／泣きぬれる夕陽にむかって／轔々《りんりん》と私の乳母車を押せ〉の紫陽花いろの風景は、私たちの抒情の原点なのである。私たち以前の詩人は、たいてい〈乳母車〉という詩を一篇は書いているという。だから私は、阿久悠の「乳母車」にも泣いてしまう。《風車くるくると　まわり出し／おさなごが　あどけなく　手を伸ばす／風が出て来たからと　あのひとは／乳母車　押しながら去って行く》。

ちあきなおみが焦点のぼんやりした目をして呟く「円舞曲《わるつ》」、蕗谷《ふきや》虹児《こうじ》の少女画を思い出させる伊藤咲子の「乙女のワルツ」、《つめたい握手　もう二度と出来ない》のフレーズが忘れられないジュリーの「立ちどまるな　ふりむくな」、それに小さな讃美歌みたいな岩崎宏美の「思秋期」、私には「津軽海峡・冬景色」より細々と切ない《十九なかばの恋知らず／十九なかばで恋を知り……》の石川さゆりが朱鷺《とき》のようだった「能登半島」。色とりどりの私の玩具箱の隅に転がるビー玉たちは、おたがいに滲み合いながら、〈あのころ〉という時代の色を浮かび上がらせてくれるが、ここにほとんど誰も知らない「お茶の水えれじい」という小さな歌がある。井上順のために阿久悠・大野克夫のコンビで作られ、レコーディングまでしながら、どうしてか発売されなかった幻の歌である。ここに歌われている風景は、昭和三十年代の御茶の水界隈である。このころ私と阿久悠とは、ニコライ堂沿いのプラタナスの坂道か、神保町の古本屋の店先で、もしかしたらすれ違っていたのかもしれない。ほんの少し花の香りのする水と、腐りかけたゴミと、それにツンと鼻をつく医薬品と、新しい本の匂いが入り交じった町だった。聖橋《ひじりばし》の下をくぐって赤い地下鉄が走っていた。私たちは二十代で、曖昧な未来のことよりも、女のことを考えていることの方が多かった。だから「お茶の水えれじい」には、懐かしい頽廃の匂いがする。《棄て猫抱いたマドンナが／下宿の窓をノックして／今夜泊めてよ　お願いよ／猫の私を眠らせて……小さい愛がちらばって／大きい愛がこわされた／そんな時代のお茶の水……》。

しばらく遠退いていたこの詩人に、もう一度逢いたいと胸がザワザワ騒いだのは、「熱き心に」をはじめて聞いた夜だった。雨が降っていた。いつもなら屋根の上で吠えるように啼いている迷い猫の声も、その夜は聴えなかった。そしてやがて、激しい雨の音もどこかへ消えた。——その歌が、隊伍を整えた大兵団のように、誇らしい軍旗を押し立てて、粛々とやってくるのである。こんな大きな歌がある。海が広がり、雲が走り、森が動いている。太古の風が光降り注ぐ大気の中を駆け抜け、私はこの詩人が、はじめて笑ったと思った。《オーロラの空の下／夢追い人　ひとり／風の姿に似て／熱き心　きみに……》。——苦しげな顔をして、〈時代〉の重みに押し潰されて、絶え絶えの息をつくのは、もうやめよう。私はようやく胸の隅々まで晴れ渡るのを感じた。いまからでも過ぎ去った日の夢は手に入るかもしれない。濡れた砂袋のように引きずってきた〈時代〉に笑いかければいいのだ。難儀していた数学の問題が、いやに呆気なく解けたようだった。私たちの方から笑いかけさえすれば、《あゝ　春には　花咲く日が／あゝ　夏には　星降る日が／夢を誘う／愛を語る》のだ。

不良の時代

街に〈不良〉がこっそり棲んでいた時代があった。少年のようにも見えたが、少年にしては横顔が疲れていた。彼の傍にはかならず女がいて彼が煙草を咥えると、遠慮がちに舶来のライターで火を点けた。爪が赤かった。西日が漣《さざなみ》のように揺れる畳も赤かった。そんな淀んだ空気からは、歌ぐらいしか生れてこなかった。なかにし礼に大きな風景を歌った歌はほとんどない。同じように、燦々と陽が降る時間を歌ったものも「別れの朝」以外に記憶がない。彼は鉄階段のあるモルタルアパートの一部屋で、夕暮れになると目を覚まし弦の狂ったギターで投げやりに歌ともつかぬ歌を呟いた。女の安香水と雨の匂いのする部屋だった。

「あなたならどうする」や「人形の家」や「雨がやんだら」といった〈同棲バラード〉は、みんなこの部屋で生れた。《私の心に　ぽっかりとあいた／小さな穴から　青空が見える》（「自由の女神」）、《くりかえすくりかえす／さざなみのように》（「愛のさざなみ」）——フレーズの蔭から女の吐息が聞こえるような、あの〈不良の時代〉のなかにし礼の歌を私は忘れない。

『黄昏に歌え』には、彼の女たちから逃れて落ち着きのない日々や、束の間の安堵や、滲んでしか見えない明日の希《のぞ》みを、切り売りしていたころの歌がたくさん出てくる。彼の歌は次々とヒットしたが、因果なことにその〈恍惚〉の背中には、いつだって薄暗い〈不安〉が影みたいに貼りついていた。〈不良〉から足が洗えないのだ。

なかにし礼がいまでも色っぽいのは、この溜息のような不安のせいだ。だから健康ななかにし礼や、前向きのなかにし礼なんか、私には考えられない。彼の不安は含羞《はじら》いながら、彼の小説の中からも顔を覗かせる。『さくら伝説』にも『黄昏に歌え』にも、不良の〈後ろめたさ〉が仄見えるのを、私は嬉しいと思う。幾つになっても怯懦《きょうだ》で、投げやりで、目が泳ぎ、だからこそ色っぽいなかにし礼を私は好きだ。――彼は三十年経ったいまも、〈不良の時代〉に棲んでいる。

それにしても歌というものは怖い。小説なら何ページも費やすところをたった二行で、色も匂いも温度まで描いてみせる。《残されてしまったの　雨降る町に／悲しみの眼の中をあの人が逃げる》(「あなたならどうする」)――〈悲しみの眼〉とは〈私の眼〉のことなのに、それを客体化する一種の〈詐術〉を、なかにし礼はアポリネールやエリュアールの詩から学んだようである。シャンソンの訳詞ばかりか、彼が『ラディゲ詩集』を出していることを、人はあまり知らない。

　横尾忠則とか、立木義浩とか、宇野亜喜良とか、あるいはなかにし礼とか——死ぬまで色っぽいだろうと思われる男がいるものだ。みんなあの〈不良の時代〉に、後ろめたさを背負って生きていた男たちである。東京オリンピックで東京の街は妙に白っぽくなったが、ビルの裏のメタンガスの泡が湧く水溜りには、〈ラッキーストライク〉の空き箱が、踏み潰されて浮いていた。男を騙す女もいたが、棄てられて睡眠薬を掌いっぱい服《の》む女もいた。男も女も、倦怠と懶惰《らんだ》と含羞を見境なく身につけて酒を飲みながら口笛を吹いて器用だった。——なかにし礼がよく似合う街だった。

　何だか知らないが、もうたくさんだ——という街であり、時代だった。思い出しても懐かしくなんかない。目を瞑ると、スレートの屋根を打つ雨の音だけが聞こえる。だが皮肉なことに、私の色っぽい男たちは、みんなそんな街の落し子だったような気がする。《おやすみをいわず　眠ろうか／やさしく匂う　桜の下で》（「さくらの唄」）——彼らに不安と安らぎと、二つながら与えた〈あの時代〉は、いったい何だったのだろう。

文句

歌の季節である。なぜ秋から冬にかけてが、歌の季節なのかは知らないが、《くもりガラスを手で拭いて／あなた明日が見えますか》(「さざんかの宿」)とか、《男もつらい／男と女はなおつらい……》(「夢ん中」)とかいう歌の文句が、春や夏よりも、木枯らしのころの方が、なんだか身に沁みるのである。私たちが若いころは、歌詞は〈文句〉と言い、曲は、曲とも言ったが、〈節〉と言った。ビートルズがやってきたころから、それが詞・曲になったという人もいる。どっちが良い悪いと言っているわけではなく、《義理だ恩だと並べてみたら／恋の出てくるすきがない……》(「兄弟仁義」)は〈文句〉で、《Hello, my friend／君に恋した夏があったね……》は歌詞だという話をしているのだ。

〈文句〉の名人は、星野哲郎である。昔は佐藤惣之助《そうのすけ》に高橋掬太郎《きくたろう》、昭和も二十年代ぐらいまでは、藤田まさとや、西條八十《やそ》のような〈文句〉の名人・達人がいたものだが、平成になって、ふと眺め渡したら、いつの間にか星野哲郎だけになってしまっていた。人はあまり知らないが、この人の歌に、《ガンでオヤジを失くしたママが／店をたたんで博多へ去った／ながながお世話になりました……／ひと筆書いた貼り紙の／「な」の字が泣いてる裏通り》（「銀座裏界隈」）というのがある。こういうのを〈文句〉という。《「な」の字が泣いてる裏通り》が泣かせるのである。ちゃんと〈な〉という頭韻を踏んでいて気持ちがいい。昭和十二年の「妻恋道中」（藤田まさと）の、《好いた女房に三行半を／投げて長脇差《どす》永の旅》や、おなじ藤田まさとの「明治一代女」の、あまり知られていない四番、《野暮なお客の情けは受けぬ／いとし仙さまあなたゆえ／辛い涙にまことを誓い／明日をたのみに楽しみに》の類いである。――耳で聞いて快く、字に書いても懐かしいのが〈文句〉なのである。

　私が好きな歌のベスト・テンを選ぼうと思うと、星野哲郎があまりに多くて困ってしまう。まずは、《想い出に降る雨もある／恋に濡れゆく傘もあろ……》の「おんなの宿」である。「昔の名前で出ています」もいい。京都では忍、神戸では渚、それなら昔の名前はいったい何というのか、さんざ気を持たせておいて、やっと最後の三番で、《あなたの似顔をボトルに書きました／ひろみの命と書きました……》と明かすのが憎い。――「兄弟仁義」も好きだった。東映の北島三郎と鶴田浩二のシリーズは、全部観た。昭和四十年代の前半は、『博《ばく》奕《ち》打ち』『日本侠客伝』『昭和残侠伝』に『緋牡丹博徒』みたいな、やくざ映画ばかり観ていた。星野哲郎の描く、後ろ姿の侘しさがよく似合う世界だった。

数々ある星野哲郎の名フレーズの白眉は、やはり「おんなの宿」の三番である。

燃えて火となれ　灰になれ
添えぬ恋なら　さだめなら
浮いてさわいだ　夜の明け方は
箸を持つ手が　重くなる

最後の、《箸を持つ手が重くなる》が、そこらの凡人には出てこない。切れようか、切れまいか――思い迷って夜が明けて、それでもあれこれ考えて、あとに残るのは箸の重さだけなのである。こういう〈文句〉を口ずさむと、この人の胸の中を吹き抜ける風がなんとも切なくなり、そしてこの人は日本語の〈文句〉の天才だと思う。辞書を引くと、〈文句〉には二つ意味があって、一つは文章の中の語句、もう一つが苦情と出ている。なるほどと思う。星野哲郎が、身をよじりながら原稿用紙の升目にこぼしたのは、苦しい情けだったのである。

その星野哲郎さんと、テレビ東京のスタジオで、久しぶりにお目にかかった。〈日本作詩大賞〉というのに、星野さんも私も出席していたのである。つまり、その日、賞の候補曲になった十五曲の中に、二人の作品が入っていたのだ。誰も知らないだろうが、私は作詞家でもある。いろんな名前で、この二十年来書いているが、星野哲郎が数えきれないほど書いている、人を泣かせ、世に残る〈文句〉を、まだ一行も書けないでいる作詞家なのである。

——本番を待つ間の控え室で、星野さんは、近所のカラスに好かれて困るという話をされていた。朝、散歩に出ると、柿の木の枝で待っていたカラスが、嬉しそうに飛んできて、頭をかすめていくというのである。界隈にたくさんいるカラスは、一羽ずつ、みんな顔も声も違うとおっしゃる。さすがである。もはや、人間世界を超えて、カラスと情けを交わしていらっしゃる。——その日は、カラスの話を聞けた幸せのほかに、もう一つ、嬉しいことがあった。第二十八回日本作詩大賞は、名人・星野哲郎をさしおいて、私がいただいたのである。

あくる日、いつものように会社へ出た。誰も、何も言わない。昨夜の、私にとっての奇蹟の大事件について、誰も知らないのである。困ったものである。新聞各紙にも、ちゃんと載っているのだが、売れていないペン・ネームなので、わかってくれという方が無理なのだろう。私のいまのペン・ネームは市川睦月という。私事のついでに、その由来を話す。

昭和十七年、私は阿佐ケ谷の杉並第一国民学校の一年生だった。その学校は、そのころとしてはたいへん音楽教育に熱心で、一年から六年までの生徒で編成された、管弦楽団があり、ハイドンの「おもちゃの交響曲」とか「森の水車」とか、レコードまで吹き込んでいた。私は、一年のときはカスタネット、二年になって小太鼓をやっていた。弦楽器は、五年とか六年の上級生である。目黒にあったレコードの録音スタジオにいくときなんか、その上級生が、私たちチビに一人ずつ付いてくれて、電車の乗り降りの際、手を引いたりしてくれた。六年と五年に、ヴァイオリン担当の美少女の姉妹がいて、そのお姉さんの方が、私の面倒をみてくれたのだが、そのきれいなお姉さんが〈市川睦月〉さんだったのである。妹は〈市川皐月（五月?）〉さんだった。きっと、一月と五月の生まれだったのだろう。妹の方はツンとしていて、私にあまり優しくなかったが、睦月さんは、声もきれいで、ほっそりしていて、セーラー服がよく似合った。レコーディングの休憩時間に、鞄から林檎を出して、私にだけこっそり剝《む》いてくれたりした。細くて、長い指だった。――七歳の私は、管弦楽の練習のある日が待ち遠しかった。首を傾《かし》げて、ヴァイオリンを弾いている、白い横顔を見ているだけで、ため息が出た。夢も見た。お姉さんは、なぜかいつも、薄赤い夕焼けを背にして、さみしそうに笑っていた。あれはきっと、私の、初めての恋だった。

偶然ではあるが、今回の私の受賞曲は、「桃と林檎の物語」という。

＊

「箱根八里の半次郎」という歌が流行っている。歌っているのは、氷川きよしという、シャンソンでも歌いそうな美青年である。名付け親はビートたけしだそうだが、昔の相棒の名前を忘れていないところが、切ない。「箱根八里の半次郎」は、もちろん艶歌である。それも昭和一桁から十年代を思い出させる、私などには死ぬほど懐かしいド艶歌である。タイトルが七五調で、しかも〈ハ〉の字で頭韻まで踏んでいる。こんな気持ちのいい歌は、この三十年絶えてなかった。作詞者は松井由利夫である。

いま、頑なに〈文句〉を書いているのは、星野哲郎と、石本美由起と、こんど久々に姿を見せてくれた松井由利夫ぐらいのものだろう。

松井由利夫のヒット曲と言えば、昭和三十二年に松山恵子が歌った「未練の波止場」である。《もしも私が重荷になったらいいの／捨てても恨みはしない／お願いお願い／連れていってよこの船で／ああ霧が泣かせる未練の波止場》――それから四十年、松井由利夫は〈文句〉片手に、夕日を背追って帰ってきた。《廻し合羽も三年がらす／意地の縞目もほつれがち／夕陽背にして薄《すすき》を噛めば／湯の香しみじみ里ごころ》

骨まで愛して

『お葬式』という映画はあっても、「お通夜」という歌はない。タイトルに〈死〉という言葉が入った歌も、商業ベースで作られたものには、まずない。ただ一つの例外が、昭和三十九年の「愛と死をみつめて」だろう。ミコとマコの交換日記を素材にしたこの歌で、青山和子はいきなりスターになった。——この歌や、坂田山心中の「天国に結ぶ恋」のようなノンフィクションは別として、やはり縁起が悪いというのが、その理由なのだろう。

私も一度、闇に消えた赤ちゃんへの挽歌を梓みちよのために書いて、ボツになったことがある。陛下の前で「こんにちは赤ちゃん」を歌った梓みちよに対して何事かと、亡くなったナベプロの渡辺晋さんに叱られて、私は即座に納得した。でも晋さんは、「とんでもないけど、いい歌だよ」と言ってくれた。そう言えば、おなじころ、美川憲一に「三面記事の女」という自殺未遂の女の歌を書いて、放送禁止になったこともあった。米山正夫さんの《あゝ私は三面記事の女……》のところのフレーズがとてもきれいで、美川君の歌い上げも切なくて――いまでも残念な歌である。

歌詞の中に〈死〉という言葉が出てくることは、そんなにめずらしいことではないが、森進一のデビュー曲の《死んでもお前を離しはしない……》(「女のためいき」)や、由紀さおりの《死んでもあなたと暮らしていたいと……》(「手紙」)に見られるように、大方は〈死んでも〉〈死ぬほど〉〈死にたいくらい〉といった風に、その使い方は比喩的である。古い歌を見ても、「侍ニッポン」の《命とろうか女をとろか/死ぬも生きるも五分と五分……》とか、《どうせ一度はあの世とやらへ/落ちて流れてゆく身じゃないか……》(「流転」)のように、どこか観念的で切迫感がない。

歌で〈死〉と言えば、何といっても川内康範だろう。この人は〈死〉という言葉を、日常語みたいに平気で使う。あまり知られていないが、小林旭に「落日」という痺れる歌があって、これが川内康範の作である。《うらぶれこの身に　吹く風悲し/金もなくした　恋もなくした/明日の行方が　わからないから/ままよ死のうと　思ったまでよ》と、乱暴と言おうか、自棄《やけ》半分にはじまる。その後は《生まれた時から　この世のつらさ/知っているよで何も知らずに/落ちてはじめて　痛さを知って/恋にすがって　また傷ついた》とつづく。歌の抒情や叙景など、どこにもない。殺風景である。ところが三番で突然、真っ赤な大きな情景が目の前に広がる。《それでもこの身を　つつんでくれる/赤い夕日に　胸をあたため

／どうせ死ぬなら　死ぬ気で生きて／生きてみせると　自分に言った》――壮烈である。《自分に言った》という、歌謡曲の常識を蹴飛ばしたような、力のある言い方は、この人にしかできない。――そして、〈死〉が生きている。

思い出したが、《骨まで愛して》という恐怖のフレーズも、この人の作である。

林檎

今年もそろそろ、ほんとうの林檎の季節である。このごろは、果物や野菜のシーズンに、一々〈ほんとうの〉とつけなければならない。温室栽培などで、どんな果物でもほぼ一年中、手に入るからである。しかし、ドラマの世界なんかでは、とても好都合になった。真冬にだって、西瓜を食べているシーンが撮れる。林檎や蜜柑にしても、そうである。

私たちが子供のころは、季節と果物や木の実とは直結していた。食後に母親が林檎を剝《む》いて秋がきて、茶碗蒸しに銀杏が入って肌寒くなり、蜜柑の皮の色に、お正月が近いのを知った。

松山巖さんの『闇のなかの石』によると、石屋さんでは、旧暦の十一月の八日、いまの暦で十二月上旬までは蜜柑を食べてはいけないという風習があったそうである。その日は〈ふいご祭り〉といって、ふだん石を彫るのに使う、鑿《のみ》や鏨《たがね》を焼き直す火を熾《おこ》す道具――〈ふいご〉の神様に一年間のお礼を言うわけである。「村の鍛冶屋」という昔の唱歌に、《……鞴《ふいご》の風さえ息をも継がず……》というのがあったが、〈ふいご〉は〈鞴〉と書くらしい。こんな字は、はじめて見た。

そして、そろそろ林檎の季節である。私のところへ、昨日、〈岩木りんご〉が一箱届いた。開けてみたら、ソフト・ボールほどの見事な林檎である。昔の林檎の五倍はありそうでびっくりするが、この味がまたいい。以前は、大きいほど味が薄いと言われたものだが、品種改良というのも、ここまできたかと思わせる。送ってくれたのは、岩木町農業協同組合というところだが、その依頼主は周防君という古い友人で、ずっと前から、毎月のように全国各地の、西瓜やじゃが芋や玉蜀黍《とうもろこし》や桃や林檎を送ってくれる。本業は有名なプロダクションの社長なのだが、社長なのか八百屋の親父なのか、よくわからない。しかし私のように、あまり町を歩くことがなく、したがって店頭の果物や野菜を目にすることがほとんどない者にとっては、この友人の季節便りは、心が和《なご》み、家計も助かる。

ところで——私は、りんごを林檎と書く。よほどのことがないと、林檎と書く。よほどのことというのは、たとえば小さな子への手紙などでは、りんご、あるいはリンゴと書く。なぜわざわざ林檎という難しい字を書くかと言われれば、別に理由はない。私にとって、林檎のイメージは〈林檎〉だというだけの話である。これが英語だったら、どんなイメージであっても、みんな〈apple〉である。日本語には、漢字に平仮名、それに片仮名まであり、面倒だから好きである。〈林檎〉〈りんご〉〈リンゴ〉──みんな一つずつ味が違う。

昭和二十一年、戦後はじめてのヒット曲は「リンゴの唄」だった。《赤いリンゴに　唇よせて／だまってみている　青い空……》。あんなに鮮やかに、歌に色があったことはない。あのころの空は、ほんとうに青かった。けれど私たちのテーブルの上に、赤い林檎はなかった。私は十歳だった。どこまでも広がる青い空に、私たちは真っ赤な、大きな林檎を浮かべて、この歌を歌った。もし作詞のサトウハチローが、タイトルを「林檎の唄」にしていたら、この歌はあんなにたくさんの人に歌われなかったかもしれない。私は、そう思う。〈リンゴ〉の、片仮名の明るさが、あのころの人の心に燦々《さんさん》と光を降らせた。

美空ひばりの「リンゴ追分」も片仮名だった。《お岩木山のてっぺんを綿みていな白い雲がポッカリポッカリ流れてゆき……》。昭和二十七年、私は高校生だった。不良に憧れていたが、度胸がなくてなれないでいた。──岩木町農業協同組合は、たぶん、お岩木山の麓《ふもと》にあるのだろう。

《おぼえているかい　故郷の村を／便りも途絶えて　幾年《いくとせ》過ぎた／都へ積出す　真赤なリンゴ……》（「リンゴ村から」）。あのころの、三橋美智也の高い声はきれいだった。「おさらば東京」も「哀愁列車」も、私は大好きだった。私が歌謡曲中毒になったのは、三橋美智也がきっかけだったような気がする。
話が急に古くなるが、島崎藤村の『初恋』に出てくるのは、漢字の〈林檎〉である。

まだあげ初《そ》めし前髪の
林檎のもとに見えしとき
前にさしたる花櫛《はなぐし》の
花ある君と思ひけり

藤村は林檎が好きだった。食べるのがではなく、詩や小説の中で使うのが好きだった。信州の生まれということもあったのだろうが、『幼き日』の中には、子供のころ、隣家の娘を好きになり、人目を避けて桑畑を抜け、林檎の樹の下を手をつないで歩いた話が出てくる。その林檎の樹の下で、七つか八つの藤村は、お文さんという子を〈堅く抱締めた〉というのだから、ずいぶんませていたものである。
「林檎の木の下で」という、ジャズのスタンダードがある。戦争がはじまる前、ディック・

ミネが歌っていた。私が〈林檎〉という漢字を使うようになったのは、たぶんこの歌のせいである。この歌は、どんなことがあっても「リンゴの木の下で」ではなく、「林檎の木の下で」でなければいけないのだ。原題は「In the Shade of the Old Apple Tree」で、日本語訳も何種類もあるが、いちばんの名訳は、かなりの意訳ではあるが、門田ゆたかのものである。この人は「東京ラプソディー」「東京の花売娘」（この詞は佐々詩生《さあさうたおう》という別名で書いている）、「ジャバのマンゴ売り」などのヒット曲をたくさん書いた作詞家だが、訳詞もシャンソンの「暗い日曜日」とか、ハワイアンの「小さな竹の橋で」とか幅広くしている。「人の気も知らないで」（Tu ne sais pas aimer）には、《人の気も知らないで／うわの空で……》というのと、《日蔭にも薔薇は咲く／紅く燃えて……》という有名な二つの訳詞があるが、これは二つとも、門田ゆたかの作品である。二つとも名訳である。訳詞家のベスト・スリーは、岩谷時子、なかにし礼、そして門田ゆたかだと思う。

「林檎の木の下で」ほど、明るくて哀しいラブ・ソングはない。私のイメージの林檎の樹は、日本のよりも背が高い。背伸びしなければ、その実はとれない。つまり、『旧約聖書』のアダムとイヴの背景の林檎の樹である。だから、と言うのもちょっと変だが、やっぱり林檎は〈林檎〉なのである。

林檎の木の下で
明日また逢いましょう
黄昏《たそがれ》　赤い夕陽
西に沈む頃に
たのしく頬寄せて
恋を囁きましょう
深紅に燃える想い
林檎の実のように

文語文

文語文というと、もう百年以上も昔使われていた黴《かび》臭い言葉で、学校の古文の時間のほかには聞いたことがないように思いがちだが、気をつけてみると、現代になってからも、日常語の中にちらほら見かけなくもない。映画のタイトルを思い出してみると、戦後すぐのころなんか、ずいぶん文語体が多かった。黒澤明の『わが青春に悔なし』とか、木下恵介の『わが恋せし乙女』とか、『今ひとたびの』『いつの日か花咲かん』『わが生涯のかがやける日』『わが恋は燃えぬ』という風に、いくらでもあった。洋画だって『風と共に去りぬ』が、まずそうである。ジャン・ルノワールの『大いなる幻影』、ジョン・フォードの『わが谷は緑なりき』、アンドレ・カイヤットの『裁きは終りぬ』——名作、大作には文語体がよく似合う。

流行歌の歌詞から、文語が消えていったのは、いつごろからだったろうか。もちろん文語だけという意味ではなく、文語、口語のチャンポンが多かったのだが、昭和二十一年の「悲しき竹笛」は、題名が〈悲しき〉で、歌詞も《ああ　細くはかなき　竹笛なれど／こめし願

いを　君知るや》と文語である。二年後に大ヒットした平野愛子の「君待てども」は、《君待てども君待てども／まだ来ぬ宵　わびしき宵／窓べの花　一つの花／蒼白きバラ／いとしその面影　香り今は失せぬ……》だし、竹山逸郎と藤原亮子の「誰か夢なき」などは、ちゃんと係り結びの法則が使われている。係り結びは、戦前、霧島昇が歌った「誰か故郷を想わざる」にも見られる。故郷を遠く想わない者がいるだろうか、いやいない――と、昔の人はちゃんと意味がわかって歌っていたのだろう。

いまでも、カラオケでおじさんたちが歌う「北帰行《ほっきこう》」は、全編ちゃんとした文語体である。《今は黙して行かん／何を　また語るべき／さらば祖国　いとしき人よ／明日はいずこの町か》。このごろの若い人にも、この文語体の哀切は通じるらしい。使っている言葉は古くても、こうして残っている歌を、いい歌というのだろう。私は、あと五十年経っても、「北帰行」はたくさんの人に歌われていると思う。

歌というものは、易しいだけが能ではない。文語がどうしても欲しくなるときもある。だから、最近の歌にもよく気をつけてみると、時折、文語がこっそり交じっていることがある。谷村新司の「昴《すばる》」には、《我は行く　蒼白き頬のままで／我は行く　さらば昴よ》というのがあるし、《……されど我が胸は熱く／夢を追い続けるなり》というのもある。《追い続けるなり》というのは、ちょっと妙だが、谷村新司という人は、古い言葉が好きらしく、アリス時代に「帰らざる日々」というのもあった。

別にケチをつけているわけではないが、長渕剛の「乾杯」は、《かたい絆に　想いを寄せて／語り尽くせぬ　青春の日々／時には傷つき　時には喜び／肩をたたきあった　あの日》とはじまり、《君に幸せあれ！》と終る。よくできたチャンポンである。

私が子供だった昭和十年代には、手紙に〈候文〉というのがまだあった。父親や母親が候文で手紙を書いていたことはなかったと思うが、ポストに入っている郵便物の中には、ときどきあったのを憶えている。漱石の『吾輩は猫である』には、こんな候文が出てくる。〈時下秋冷の候に候処《そろところ》　貴家《きか》益々御隆盛の段奉賀上候《がしあげたてまつりそろ》陳《のぶ》れば本校儀も御承知の通り一昨々年以来二三野心家の為めに妨げられ一時其極に達し候得共《そうらえども》是れ皆不肖針作が足らざる所に起因すと存じ深く自ら警《いまし》むる所あり……〉。平仮名より漢字の方が多い。句読点もない。昔の人はよく書いたものだし、よく読んだものと感心する。

手紙と言えば、もう〈陳者《のぶれば》〉などと書く人はさすがにいないだろうが、手紙の最初に、〈前略〉〈冠省《かんしょう》〉などとある手紙は、いまでも貰うことがよくある。つまり、漱石の〈時下秋冷の候……〉という決まり文句の挨拶を略するということだが、ほかにも〈拝啓〉〈拝復〉〈謹啓〉〈恭啓〉〈急啓〉のような言葉を文頭につけることがある。これには、対になっている終りの言葉がそれぞれある。〈敬具〉〈拝白〉〈再拝〉〈九拝〉〈早々〉〈不一〉、女の人なら〈かしこ〉などがそれで、〈前略〉には〈早々〉、〈拝啓〉には〈敬具〉といった風に、決まりのカップリングがあり、たとえば〈拝啓〉ではじまって〈早々〉で終ってはいけないことになっている。こういう言葉は使っているうちに、だんだんオーヴァーになってくるらしく、漱石にも出てくるが、〈頓首九拝《とんしゅきゅうはい》〉とか、〈恐々謹言〉の類いも見かけることがある。〈頓首九拝〉とまではいかないまでも、〈前略〉や〈冠省〉は、この先も結構命永らえるような気がする。私が知っている文藝春秋の宇田川さんという人は、まだ四十代の若さなのに、こういう古い手紙の書式にやたら詳しく、ファックスの結びの文句が毎度違っていて楽しい。もしかしたら、郷里の親御さんに、いまでも候文の手紙を書いているのではなかろうか。

私の兄は、私より七歳年上だが、戦時中、中学一年を終了したところで、陸軍の幼年学校へ入った。昔の写真を見ると、わずか十四歳で軍帽をかぶり、短剣を腰に下げた可愛い軍人の卵である。いまでも憶えているが、ついこの間まで、〈朝、目が覚めたら、庭に霜が降りていた……〉などという作文を書いていたのが、突然〈思い起こせば、三年前は酷寒の砌《みぎり》、父上と共に伊勢神宮に参拝せし時なりき……〉などと書きはじめたのでびっくりした。あのころの軍人養成の学校では、文語文を読ませただけでなく、書かせもしたのである。いま、完全な文語で文章を書ける人が、いったいどれくらい残っているのだろう。——そう言えば、

〈立小便するべからず〉という貼紙も、ついぞ見かけなくなった。

目で読むだけでなく、手で書くか、口で喋らないかぎり、言葉というものは、いつか滅びる。仕方がないとは思うが、ちと残念な気もする。かと言って、文語文を書く必要が、私たちの周囲にあるはずがない。短歌と俳句の世界に、わずかにその可能性が残っているぐらいのものである。しかし、〈万智ちゃんを先生と呼ぶ子らがいて／神奈川県立橋本高校〉では、文語の入り込む隙間がない。丸谷才一さんのように、ちゃんとした考えがあって、いまも歴史的仮名遣いで文章を書いている人もいるが、文語についてはどうすればいいのだろう。水村美苗さんみたいな人が、〈廻れば大門《おおもん》の見返り柳いと長けれど、お歯ぐろ溝《どぶ》に燈火《ともしび》うつる三階の騒ぎも手に取る如く……〉（樋口一葉『たけくらべ』）のような文章を書いてくれないものだろうか。

うすなさけ

別段どこにどう和風の気配があるわけでもないのに、何となく日本的な背景が似合う言葉というものがある。たとえば〈みれん〉、たとえば〈うすなさけ〉、たとえば〈面やつれ〉——どれもシャンデリアやタキシードには似合わない。大川を下る夜舟の櫓《ろ》の音とか、ちょっと疲れた黒塀越しの長唄の声まで欲しいとは言わないが、そんな効果音が入ると、途端に生き生きと色っぽくなるから不思議である。他にも〈心変わり〉とか、〈気落ち〉とかがそうだし、〈ねんごろ〉なんかもベッドというよりは畳に布団がよく似合う。

こうして並べてみると、どれも村松友視さんの小説の題のようである。〈心変わり〉は、実際村松さんの作品にあったと思う。しかし、心変わりは、何も日本だけではなく、世界のあちこちで男も女もしていることである。相手の心がいつ変わるかわからないから、恋はいつだって心細く、そういう自分の気持ちにしても、明日の居所が知れないから、恋はいつの日もどこかやましく、相手の顔をまともに見られないところがある。昔々の映画だが、『モロッコ』のゲーリー・クーパーは、ディートリッヒの化粧用の大きな鏡に、「I changed my mind」と口紅で書いて外人部隊に身を投じ、砂漠へ去っていった。この字幕の訳がよかった。――「気が変わった」。何でもないようだが、名訳である。

〈面やつれ〉にしても、〈みれん〉にしても、つまりわが国には、色っぽい、いい言葉があるということである。ただこのごろでは、日常あまり耳にしないし、見かけない。カタカナ名前の西洋花の群れの中に、ふと吾亦紅《われもこう》や藪椿の紅を見つけて、ときめくようなものである。〈うすなさけ〉なんか、小さな声で口にしてみるだけで、溜息が出る。どうせ男に生まれてきたのなら、一度ぐらい背中で「薄情者！」などという、か細い声を聴いてみたいと思うのだが、残念ながら六十年も生きてきて、そんな憶えもほとんどない。

情《じょう》がないのではない。情はあるけれど、薄いのである。情がまるでないのなら、思い切ることもできようし、罵《ののし》るだけ罵れば、胸のつかえもとれるかもしれない。あるならあるで、女の涙一粒で、ことはとりあえず円くおさまる。〈うすなさけ〉だから始末が悪い。追いかけていいものなのか、所詮は縋《すが》り甲斐のない人なのか、その辺の、微妙さ、曖昧さが、男と女の辛さなのだろう。男も女も辛いけど、男と女はなお辛いのである。

いまから二十五年ほど前、カンツォーネというのが世界的なブームになったことがある。

ジリオラ・チンクエッティの「夢みる想い」「雨」のように、その年の〈サン・レモ音楽祭〉で優勝・入賞曲になったカンツォーネは、地元のイタリアはもちろんのこと、世界中で歌われたものである。もともとは、イタリアの民謡風な歌謡で、古くは「サンタ・ルチア」や「オ・ソレ・ミオ」などがカンツォーネ・ナポリターナの有名なものであるが、一九一一年に作られた「カタリ　Catari(Core 'ngrato)」という名曲は、邦題を「うすなさけ」という。カタリは女の名（カタリーナ）、コレングラートは、つれない心といった意味である。

カタリ、あなたの唇から洩れるのは、
辛い、つれない言葉ばかり、
そんなに私をいじめないでおくれ。
おまえのために、
何もかも失くした私を、
カタリ、どうか忘れないで。

なんとも情けない男ではあるが、ここまで恥ずかしげもなく足元に平伏《ひれふ》すと、それはそれで気持ちよくなるのが恋というものである。しかも、この歌のように切なく咽《むせ》び泣くように歌われると、自分の中の〈うすなさけ〉に酔うよりも、女の〈うすなさけ〉に縋りつく方に、ほんとうの恋の悦楽はあるのではないかという気分になってくるから妙である。サルヴァトーレ・カルディッロが作曲した「カタリ」は、数あるカンツォーネ・ナポリターナの中でも屈指の美しい曲である。歌ってよし、たとえばマンドリンで聴くもよし、もし私の臨終のときに、何でもいいから一曲聴かせてやると言われたら、「カタリ」をリクエストして、〈うすなさけ〉に縁のなかった人生を悔やんでみようかと思っている。

〈うすなさけ〉は、昭和三十年にエト邦枝という、あまり聞かない歌手が歌った「カスバの女」にも出てくる。どうやら、『モロッコ』とか『外人部隊』とかいう、戦前の北アフリカを舞台にした映画を下敷きにして作られた歌らしく、アルジェリア、シャンゼリゼ、チュニス、モロッコなど、カタカナの地名がやたらに現れる可笑《おか》しな歌なのだが、日本人好みの異国情緒漂う哀愁があって、いまでもカラオケではよく歌われているらしい。

涙じゃないのよ　浮気な雨に
ちょっぴりこの頬　濡らしただけさ
ここは地の果て　アルジェリア

どうせカスバの　夜に咲く
酒場の女の　うす情け

私にはあまり記憶がないが、昭和六年に日本で公開された『モロッコ』が、戦争が終わったというので、このころもう一度輸入されたのだろうか。この歌を聴いていると、どうしてもディートリッヒの新月みたいな眉と、削《そ》げた頬が浮かんでくるのである。女の名前はアミー・ジョリー、男はずいぶん平凡で、トム・ブラウン――心の窓を閉ざしたきりの流れの歌姫と、食いつめて外人部隊にでも入るしかない世を拗《す》ね者の、絵に描いたような、砂漠の恋の物語である。

あなたも妾《わたし》も　買われた命
恋してみたとて　一夜《ひとよ》の火花
明日はチュニスか　モロッコか
泣いて手をふる　うしろ影
外人部隊の　白い服

〈うすなさけ〉は、日本の風景にだけ似合う言葉だと思っていたが、こうしてみると、たとえば、マレーネ・ディートリッヒの憂い顔のためにあるような気がしてくる。モロッコの乾いた風に吹きさらされた果ての〈うすなさけ〉のようにも思えてくる。イタリアの町の白い壁にナイフで刻まれた文字のようでもある。——とすると、この言葉は、和洋の問題ではなく、〈うすなさけ〉が、男にとっても女にとっても、まだ甘酸っぱいロマンだった、過ぎ去った〈ある時代〉の名残りの言葉だということなのだろうか。

さよなら

国や民族の数だけ、別れの言葉はあるという。アデューとかアディオスとかいう、世界の別れの言葉を羅列しただけで、歌のワンコーラスやトゥコーラス分は優にあるとも誰かが言っていた。日本の別れは〈さよなら〉である。歌のタイトルに著作権はないから、協会に登録されている「さよなら」という楽曲だけで、いったいいくつあるかしれない。

ところが、この〈さよなら〉が、日常会話の中であまり使われていないと言ったら、そんなことはないと諸方から叱られそうだが、以前と比べて確かにそうなのである。たとえば、下校時の学校や、退けどきのオフィスの前に立って聴いていると、それがよくわかる。〈じゃあね〉がいちばん多い。女の子は〈バイバイ〉で、それにヒラヒラ掌《て》を振るアクションが付随する。〈またね〉というのは、毎日顔を合わせない組合わせである。お互い気の張る場合は〈失礼します〉となる。何組やり過ごしても〈さよなら〉に逢えない。

しかし、小学校の低学年から、幼稚園、保育園と、年齢が下がるにしたがって、〈さよなら〉は復権する。授業が終わって「先生さようなら、みなさんさようなら」の挨拶は、半ば強制されたものだろうが、それから外へ出て、各自が別れるときも、この年齢層はほとんどが〈さよなら〉である。保育園や幼稚園の場合は、迎えにきているお母さんたちも、子供につられて〈さようなら〉になる。〈さよなら〉は、子供の国の言葉になってしまったのだろうか。

ところが、手紙のおしまいでは、それがある程度親しい関係なら、〈さよなら〉はいまでもよく使われている。〈じゃあね〉とか〈またね〉とは、なかなか字では書きにくいのだろう。私が大学に入れないで、街でウロウロしていたころ、友だちに女の人みたいなきれいな字を書き、文章もなかなか立つという男がいて、手紙の代筆で馬鹿にならない小遣いを稼いでいた。昭和三十年ごろの話である。顧客は鶯谷辺りの飲み屋のおねえさんや、桃色のスカーフを頸に巻いた春を売るおねえさんたちで、そういう女の人たちにかぎって、身を焦がすような切ない恋をしていた。そのころは、思いの丈《たけ》を伝える方法は手紙だった。けれど、戦争でろくな教育を受けていない彼女たちは、字を知らない。たかが手紙の文章が書けない。そこで〈恋文屋〉の登場である。

友人の彼はたおやかな女文字で、星や菫《すみれ》に女心を托し、ピンクの便箋に安香水までサーヴィスして、恋文を連発した。人気は上々だった。恋文のおかげで願いが成就し、堅気になった子もいたが、やはり、好きだ好きですの気持ちだけでは人生には通用せず、奈落の底まで落ちていった子もあった。何よりもその子たちに人気があったのは、彼の書く恋文の最後の〈さよなら〉だった。彼は〈さよなら〉を、〈小夜奈良〉と書くのである。この〈小夜奈良〉という当字《あてじ》が、ロマンティックだと評判になった。彼女たちにしてみれば、〈小夜〉も〈奈良〉も、夢のようにきれいな言葉だったのだろう。

〈さらば〉も古い別れの言葉である。しかし、女の人にはあまり似合わない。男の好きな悲壮感があって、その味がするだけに浪漫的である。五木寛之さんの『さらば モスクワ愚連隊』や、北方謙三さんの『さらば、荒野』が、〈さよなら〉だったりしたら、何だか困ってしまう。歌の世界でも、「北帰行」には《さらば祖国　愛《いと》しき人よ》というのがあるし、昔の女学校の教科書に出ていた「故郷を離るる歌」の最後は、《さらば故郷《ふるさと》さらば故郷、故郷さらば》だった。そう言えば、死んだ猪俣公章が作曲した「さらばハイセイコー」というのもあった。

歌と言えば、男と女の別れの数だけ〈さよなら〉の歌があると思われるくらい、別れの歌は昔から多い。もう四半世紀も前に岸洋子さんが歌っていた「さよなら」という歌を私は好きだった。《……誰もみんな生きる道で、いくたびか別れに会うの／さよなら　あなたにいま告げる／さよなら　愛の思いこめて》。倍賞千恵子さんの「さよならはダンスの後に」、ビリー・バンバンの「さよならをするために」、都はるみの「さよなら列車」、三橋美智也の「おさらば東京」――〈さよなら〉や〈あばよ〉の歌は数あるが、私の〈さよなら〉ナンバー・ワンは、宝塚歌劇の「さよなら皆様」である。

いまでは、舞台がはねて幕が下り、席を立って帰る観客の背にテープが流れるだけになってしまい、生ではめったにやらなくなってしまったが、この歌は名曲である。昔――と言ってもかなり昔は、毎日、フィナーレのそのまたフィナーレで、スター総出演で歌ったものである。

さよなら　みなさま
さよなら　ご機嫌よう
楽しい思い出　心に秘めて
お別れいたしましょう
また逢うその日まで
さよなら　みなさま
さよなら　ご機嫌よう

私が、そのころ女学生だった九つ違いの姉にくっついて、宝塚を観に通っていたのは、昭和十四年から十七年ぐらいのころだった。私は、四歳から七歳である。そんな歳で宝塚が大好きだったのだから、ちょっと変な子である。当時は、春日野八千代、楠かほる、小夜福子、橘薫などがスター格だった。日本と中国は既に大陸で戦っていたし、そのうちに太平洋戦争もはじまった。でも宝塚歌劇は、演目が『正行《まさつら》出陣』とか『東亜の子供たち』といった風な戦時色の濃いものばかりになっても、いつも満員だった。

あるとき、確か昭和十七年だったと思うが、『新かぐや姫』というのを観た。〈講談社の絵本〉の筋通り、ラスト・シーンで、かぐや姫とその一行が、ピアノ線で吊られて満月の夜空へ還っていく。翁《おきな》と媼《おうな》が泣きながら手を振る。そこで起こるのが「さよなら皆様」の大合唱だった。蒼い月の光が舞台一面に降り、かぐや姫の姿が次第に小さくなっていく。私は泣いた。隣りの姉がびっくりするくらい泣いた。もう逢えないかぐや姫と、「さよなら皆様」の歌が、悲しくてたまらなかったのである。私はその日、家へ帰っても布団をかぶって泣いていたという。

どうもその夜から、私は泣き虫になったらしい。懐かしい昔の歌を聴いても、〈小夜奈良〉のおねえさんたちの顔を思い出しても、きれいな響きの日本の言葉をふと耳にしても——私はすぐに涙ぐんでしまうのである。

幌馬車の唄

誰に訊いても知らないというこの歌を私が憶えているのは、たぶん昭和十四、五年ごろ家にあったレコードで聴いたのだろう。父が私たち姉弟のためにポータブルの蓄音機を買い、母は月に一枚童謡のレコードを買ってくれた。その中に、どうしたわけか紛れ込んでいたのが「幌馬車の唄」だった。幌馬車が似合う中国大陸が舞台らしい。女が男の乗った馬車が国境を越えていくのを見送っている。男はもう還ってはこない。

この歌に半世紀ぶりに私が再会したのは、奇妙なことに『悲情城市』という侯孝賢《ホウ・シャオシエン》が撮った台湾の映画の中でだった。一九四七年に起こった〈二・二八事件〉で処刑される若者たちを、獄中でみんなが見送るシーンに、突然「幌馬車の唄」は現れたのである。しかも、日本語の歌詞で。――侯孝賢は不思議そうにこう言った。〈日本の人は、どうしてこの歌を知らないのでしょう。台湾では、ほとんどの人が愛唱しています。これは台湾の別れの歌、つまり日本の「蛍の光」なのです〉。このレコードが出たころ、台湾は日本の植民地であり、したがって日本から輸入された文化が、そのまま台湾の文化だったのである。歌というものは面白い。半世紀の霧の向うに身を潜めていた歌が、こうして急に姿を現すことがある。

幌馬車の唄

夕べに遠く　木《こ》の葉散る
並木の道を　はろばろと
君が幌馬車　見送りし
去年《こぞ》の別れが　とこしえよ

想い出多き　丘の上《え》で
はるけき国の　空眺め
夢と煙れる　一年《ひととせ》の
心なき日に　涙湧く

轍《わだち》の音も　なつかしく

並木の道を　はろばろと
馬の嘶《いなな》き　こだまして
はるか彼方へ　消えて行く

八月のラスト・ソング

『諸君!』という雑誌に、もう数年にわたって《マイ・ラスト・ソング》というエッセイを書いている。私が臨終の床にあって、そろそろこの世にさよならする覚悟を決めたころ、セールスマンみたいな男がやってきて、最後に一曲だけ歌を聴かせてやると言う。童謡だろうと演歌だろうと、讃美歌でもクラシックでもいい。何でも用意してある。しかし時間がないから、リクエストできるのは一曲だけである。――さあ、何にしよう。

人生の歌のベスト・ワン探しである。けれど、これが意外に迷う。終戦直後の「港が見える丘」もいいし、戦時中の〈前線へ送る夕《ゆうべ》〉というラジオ番組のテーマだった「ハイケンスのセレナーデ」も懐かしい。『カサブランカ』の「As Time Goes By」も聴きたいが、一曲となれば「朧月夜」にしようか。という具合に、そのときそのときで、思いは異なるし気分も違う。とても一つだけは選べない。――つまり歌というものは、それだけ人生の日々に未練がましくついて回っているが、それは全く個人的なものであって、名曲がかならずしもラスト・ソングとはかぎらないし、たった一つの最後の歌がほとんど世に知られていないことだってある。私自身、ほんとうのところ、どの曲にしたものか迷っているのである。

私もそろそろいい歳である。《マイ・ラスト・ソング》が洒落や冗談ではなくなってきた。とりあえずであれ、私の一曲を選んでおいた方がいいかもしれない。そう言えば、このところ耳の奥で微かに聞こえる歌がある。消えては蘇り、ゆっくり近づいてはまた遠ざかる歌がある。そして思い出してみれば、この歌は毎年この季節になると、まるで約束でもしているように還ってくるのだ。空が八月の色になり、海の落日が波を茜の色に染めるころ、この歌は南風に乗って静かに私の胸に還ってくる。——「海ゆかば」である。

「海ゆかば」は軍歌ではない。皇国思想を歌い上げる歌でもない。嘗ての日は知らず、少なくとも終戦から五十年という歳月を経た今日、この歌はいつの間にか、この国を護って死んでいった人々への鎮魂歌として、新しく生まれ変わろうとしているように私には思われるのだ。いまはもう、ラジオでもテレビでも聴くことのできないこの歌を、思い出してみるがいい。私には、この国の森が見える。湖が見えてくる。風が聞こえ、海鳴りが聞こえる。そして、この国の上に流れた長い長い〈時〉が、白い一筋の河のように見えてくるのだ。

ついこの間まで指呼《しこ》の間《かん》にあった太平洋戦争も、ふと気がつけば霞の彼方である。あの戦いの日々、美しいこの国の樹や花を護るために死んでいった人たちの墓標の文字も、薄れようとしている。「海ゆかば」は、昭和十二年に作られた歌だが、いまこの歌を聴くと、私たちの〈時〉は太平洋戦争をさかのぼり、日中戦争から第一次大戦を超え、日清・日露を眼下に見て、元寇のころを過ぎ、遙か防人《さきもり》の昔へと還っていく。どの時代にも、この国を護って命を捨てた人たちがいた。二つなき命を捨てた人がいた。いまこの国に在って、この国を思うとき、私はその人たちの命について考えずにはいられない。すると、どこからか「海ゆかば」が、押し寄せる波のように聞こえてくるのである。もし気が引けるなら、《大君《おおきみ》の辺《へ》にこそ死なめ》の〈大君〉を、〈この国〉と置き換えてみるといい。たちまち灰色の雲が分かれ、その隙間から眩い落暉《らっき》の輝きが見えるだろう。——「海ゆかば」は、大いなる鎮魂の曲である。

私はいま、私の《ラスト・ソング》を、「海ゆかば」にしようと思っている。

しゃぼん玉

年に一度、由紀さおり・安田祥子のコンサートへいくことにしている。ことしは中島みゆきや、さだまさしのオリジナル曲がテーマだったが、もちろん、いつものように、昔からの童謡もたくさん聴かせてもらった。その中に「しゃぼん玉」があった。ふと思えば、このごろ石鹸のことを〈しゃぼん〉なんて誰も言わない。石鹸がポルトガルかどこかから渡ってきたころの呼び方から、転化してできた日本製の言葉らしいが、歴史は古く、〈しゃぼん玉〉の方も、延宝年間、つまり十七世紀の末ごろ、江戸にしゃぼん玉屋の行商が大勢いて子供たちに人気があったと、記録にある。

「しゃぼん玉」は、野口雨情の作詞、中山晋平の作曲だから、私が子供のころには、もう誰もが知っている歌だったし、しゃぼん玉遊びもよくしたものだ。空の色や、花の色を映して舞い上がっていく夢の玉を追いながら、私たちはこの歌を歌った。——ところが、由紀姉妹の明るい声を聴いているうちに、私は何だか哀しくなった、明るいから哀しいのだと、私は思った。――《しゃぼん玉とんだ　屋根までとんだ　屋根までとんで　こわれて消えた》――一番のここまではいい。問題は二番である。――《しゃぼん玉消えた　とばずに消えた　うまれてすぐに　こわれて消えた》――体の中から、何かがスーッと脱けていくようだった。〈しゃぼん玉〉とは〈いのち〉のことだろうか――ふとそう思った。

そう言えば、この歌は貧しい地方で歌われた〈間引き〉の歌だと聞いたことがあるが、ほんとうだろうか。

《アカルサハ、ホロビノ姿デアラウカ》と言ったのは太宰だが、このごろは、明るい中に冷え冷えとしたものを感じることが多い。――年齢ノセイデアロウカ。

港が見える丘

パティ・ペイジのことを書いていたら、見知らぬ人から一枚のCDが届いた。タイトルは『Bon Voyage』――「急流」「私の心はヴァイオリン」など、シャンソンのスタンダードが並んでいるから、歌っている平野淑子という人はシャンソン歌手なのだろう。ところが、聴いているうちにびっくりした。六曲目に突然「港が見える丘」が、つづいて「君待てども」が現れたのである。知らない人が聴いたら、こんなシャンソンもあるのかと思うかもしれない。曲想がちょっと違うかなと首を傾げるくらいで、メロディも歌い方もシャンソンなのである。けれど、この二曲は、私たちの世代にとって決して忘れられない〈戦後の歌〉なのだ。雑音交じりのあのころのラジオで歌っていたのは、平野愛子――私はジャケットを見直した。平野淑子――この人は誰だろう？　戦争が終わって一年半の昭和二十二年春に、「港が見える丘」は焼け跡がほとんどの街に物憂く流れた。詞を辿ってみると純情なロスト・ラブ・ストーリーなのに、私たちが平野愛子の細い吐息のような歌から聴いたのは、紛れもない〈頽廃〉だった。私はいまでも平野愛子を聴くと、あのころの闇市の匂いを思い出す。私が穿いていた、ツギだらけの汚れたズボンを思い出す。光を失った大人たちの目を思い出す。私は十二歳になったばかりだったが、「港が見える丘」や「君待てども」の〈頽廃〉は、濁った水みたいに私たちの胸を浸し、そして淀んだ。

死んだ劇画家の上村一夫ほど、「港が見える丘」にこだわっていた奴はいなかった。酒を飲むとこの歌だけをエンドレスに歌った。

あなたと二人で来た丘は
港が見える丘
色あせた桜　ただ一つ
淋しく咲いていた
船の汽笛　むせび泣けば
チラリホラリと花びら
あなたと私にふりかかる
春の午後でした

上村はどうしてか《あなた》を《アンタ》に、《私》を《アタイ》に置き換えて歌った。

すると私たちには、あのころの若い男たちがリーゼントの髪に塗りつけていたグリースの匂いと、むせるような女たちの安化粧品の匂いが蘇るのだった。ダンスが大流行していた。〈解放〉されて〈自由〉になった男と女は、赤や青のミラー・ボールの色に染まってチーク・ダンスを踊っていた。男たちは踊りながら息を荒げ、女たちは上気して男の胸にすがっていた。焼け残った公民館の窓からのぞいていた十二歳の私は、いまに自分もこうなるのかと、ぼんやり考えていたのを憶えている。――その夜のダンス・ミュージックが、頽廃の「港が見える丘」だったのである。――一枚のCDが、私に、たぶん一度だけ日本中を浸した〈頽廃〉の時代を思い出させる。「港が見える丘」は遠くなり、上村一夫はもういない。――そして、シャンソンの平野淑子という人は、あの日の平野愛子の娘さんだという。

ちなみに、「港が見える丘」「君待てども」「白い船のいる港」などの平野愛子のヒット曲を作詞作曲したのは東辰三――作詞家の山上路夫の父君である。父と子、母と娘の昭和だった。

プカプカ

あれはどうやら、〈歌〉ではなく、何か曖昧な音だったような気がしてならない。それも〈ある時代〉の、ほんの短い一時期にだけ聴いた記憶のある〈音〉――《プカプカ》は、ぼくにとって、確かにそんな〈音〉だった。

あのころは、七〇年代だったというのだから、七〇年代だったのだろう。だからといって、それほどはっきりした記憶があるわけではないし、そのころ傍にいた女の顔が浮かんでくることだってない。憶えているとすれば、起き抜けに飲んだ朝の水の生温《なまぬる》さとか、自分が着ていたシャツの、恥ずかしいくらいの青い色とか――兎に角、そんなものだけだ。

それら、曖昧なものたちの中で、《プカプカ》という、人を小馬鹿にしたみたいな〈音〉を、ぼくは忘れない。アコーディオンというよりは、〈手風琴〉といった方がよさそうな、古い空気が半分抜けたような音で、《プカプカ》は陽気に鳴っていた。その音は無理すれば、こんな風に聞こえた。

俺のあん娘《こ》はたばこが好きで
いつもプカプカプカ
体に悪いからやめなっていっても
いつもプカプカプカ
遠い空から降ってくるって言う
倖せってやつがあたいにわかるまで
あたいタバコやめないわ
プカプカプカプカプカ

ぼくにとって厄介なのは、ぼくの耳には、この《プカプカ》にダブって、もう一つの《トカトントン》という、これまた妙な〈音〉が聞こえてくることで、実はこの〈音〉は、ぼくが中学一年のときに読んだ小説の中に出てきた〈音〉なのだ。太宰の同じタイトルの小説で、主人公の無気力な三十男が、気を取り直して何かを始めようとすると、どこからともなく聞こえてくる〈嫌な〉音だという。つまり、ハーメルンの笛吹き男の〈笛〉の音なのだ。結局、男はその〈音〉に殺されてしまったようなものだ。勘定してみると、時代は戦後の四〇年代終わりごろになる。青空だけが、美しい時代だった。その時、その時によって、三十代の男の耳には、それぞれ離れられない〈嫌な〉笛の音が、あるとでもいうのだろうか。——変にみっともなく太って、《プカプカ》の西岡恭蔵も死んでしまったというではないか。

もうずいぶん前になるが、ぼくは自分が撮っていたテレビドラマの中で、泉谷しげると夏川結衣の二人の「プカプカ」をやったことがある。音の向うに青空が見えて、《あんたがあたいの寝た男たちと——》というフレーズで、ぼくは少し、泣いた。

俺のあん娘《こ》は男が好きで
いつも Hu Hu Hu Hu Hu
おいらのことなんかほったらかしで
いつも Hu Hu Hu Hu Hu
あんたがあたいの寝た男たちと
夜が明けるまでお酒のめるまで
あたい男やめないわ
Hu Hu Hu Hu Hu Hu Hu

時代には一人ずつ、嗤《わら》いながら笛を吹く女が棲んでいる。

少女小説

さだまさしのコンサートへ行った。二十年ぶりだろうか。楽しかったし気持ちがよかった。「ほおずき」「朝刊」のような古い歌が何の不思議もなく、新しい歌の中に織り込まれていて、それがいまの若い子たちにも素直に受け入れられているのが、私には嬉しかった。そして私は思った。誰が何と言おうと——この人の命は〈少女小説〉なのだ、と。

ステージでのトークを聞いていると、当人はこのころの歌にいくらか含羞《はじらい》を持っているらしいが、この人にあって他の人にない個性は、そしてちょっと大げさに言うなら、この人の使命は、〈少女小説〉にあるのだ。少女小説と言うと、どこか否定的に聞こえるかもしれないが、私に言わせれば、川端康成も三島由紀夫も、あるいは太宰治も、その大方はよくできた少女小説である。色合いはそれぞれ異なっていても、彼らの作品から〈感傷〉をマイナスしたら、そこに残るのは寒々とした廃墟の光景だろうし、彼らは明らかに〈少女小説〉の読者を意識している。

さだまさしの作品で考えると、少女小説の要素はどうしても初期の〈グレープ〉時代のものに、多く見られる。けれど、それは時代の風潮ではなかったたし、一過性の腰の軽いものでもなかった。さだまさしの〈少女小説〉は、誇らしい才能だったのだ。私がいちばん執着する彼の少女小説は「追伸」だが、これは私のレトロ趣味では決してない。この曲がたぶん、さだまさしの中でいちばん上質の〈感傷〉なのだ。川端康成で言えば『雪国』であり、太宰なら『斜陽』、三島由紀夫で言うなら『愛の渇き』である。

ヴァイオリンを主調とするイントロが、蕗谷虹児《ふきやこうじ》の絵による表紙を思わせて、まずいい（思い出してみれば、三島由紀夫の『岬にての物語』の私家版のガラス筐に描かれていたのは、やはり蕗谷虹児の少女絵だった）。歌詞を見れば、《風に頼んでも無駄ですか／振り返るのは嫌いですか》というサビの問いかけが、典型的な少女小説の表現で、胸を揺すぶる。そして何よりの殺し文句は、二番のサビの《あなたに借りた鷗外も／読み終えていないのに》というフレーズで、これはさだにしか書けない。漱石でもなく、一葉でもなく、ましてや芥川でも谷崎でもなく、これは鷗外でなくてはならないのだ。ここに《あなたに借りた鷗外》を持ってくるところが、少女小説の神髄なのである。

いま一つの少女小説の泣きどころは、〈半音の感傷〉である。「追伸」で言えば、《風に頼んでも無駄ですか》の、〈ん〉と〈す〉の半音下がりの箇所、「精霊流《しょうろう》し」なら、やはりサビの

《約束通りにあなたのあいした／レコードも一緒に流しましょう》の〈い〉と〈ま〉の半音である。この半音の快感が、感傷の快感なのだ。

という風に、さだまさしは、人の〈感傷〉というものを知悉《ちしつ》した〈少女小説〉の名手である。年を経たからといって、どうして含羞《はじら》うことがあろう。コンサートに集まる人たちは、みんなさだまさしの臆面もない〈少女小説〉を聴きにきているのだ。彼女たちは、涙することで元気になるのである。

高橋クミコの唄

高橋クミコのレパートリーをぼんやり眺めていると、胸の奥が針で刺されたように痛くなり、やがてタイトルを追う目が熱くなっているのに気がつく。ただ懐かしいだけではない。ちょっと大げさに言えば、父祖の代から今日までの幾つもの時代が、見えつ隠れつ、深い霧の中から浮かび上がってくるのである。もう誰もが忘れてしまった唄、知っている人は知っているが、レコーディングされたことがなく、薄闇の中の囁きのように歌い継がれてきた唄——その時代の明るさを弾んで歌う唄もあり、次の時代のやりきれない空の重さに耐えている唄もある。たとえば、『世紀末の円舞曲《ワルツ》』に入っている「異人娼婦の唄」は、戦前から戦中にかけて日本に降っていた、氷雨のような唄である。

雨がしょぼしょぼ降る晩に
二階の窓からのぞいてる

満鉄の金ボタンの馬鹿野郎
上がるの帰るのどうするの
早く精神決めなさい
決めたら下駄持ってあがりなさい

お客さんこのごろ紙高い
帳場の手前もあるでしょう
五十銭祝儀をはずみなさい

異人というと、青い目や紅い髪を想う人もいるだろうが、この娼婦は東洋人である。私が憶えているタイトルは「満人娼婦の唄」だった。作詞は誰だかわからないが、メロディは、むかし藤原義江が歌った「討匪行《とうひこう》」である。つまり、これは人目を憚《はばか》る日陰の唄なのだ。けれど、この歌詞はそこらのプロの作詞家にはとても書けるものではない。

雨の音が聞こえる。寒さで胸の底が冷たくなる。薄墨色の娼家の窓に揺れる灯に、一つの時代が見える。それなのに、妙に明るいユーモアがある。こっそり人の口から口へ伝えられてきた、伝承歌にしかない笑い交じりの恐ろしさが、この中にはある。

かと思うと、「煙草屋の娘」とか「茶目子の一日」とかいう、昭和のはじめの楽しい唄もあるから救われる。「茶目子の一日」は、私が子供だった昭和十年代に、どこの家庭でも歌われていた、今風に言えばミュージカルのような唄だった。茶目子という女の子が、朝起きて学校へいく。算術と読本の授業がはじまる。その様子が歌と台詞で描かれるという、そのころとしては、とても新しい唄だったに違いない。いまでもこの唄を愛し、この唄を忘れない人たちが集まる〈茶目子の会〉という全国組織のグループがあると聞くが、唄はこうして時代の波に流されながら、歌い継がれていくのだろう。

〈歌〉と書くと、何だかよそよそしい。高橋クミコが歌うのは〈唄〉である。海の底の貝だって、ときには閉ざした口を開きたくなるのだろう。

II

幻の声・亡びの唄

いままで何度も思ったことだが、歌の不思議は、たとえばある一つの歌が、人によってまるで受け取り方が違うといったところにある。――「ウィーン綺想曲」というクライスラーのヴァイオリン曲がある。大雑把に言えば、誰が聴いても楽しくなる舞曲である。ところが私の友だちに、この曲を耳にすると、人前も構わず見る見る涙ぐむ男がいるのだ。ちゃんとした企業の重役をやっていて、切れ者の噂が高い。三十年ほど昔、いっしょに暮らしていた女が、この曲を好きだったらしい。クラシック好きの可憐な女子大生ではなかった。その男が知らないだけで、誰とでも寝るいい加減な女だったのである。「ウィーン綺想曲」が鳴りだすと、頰がポッと赤らみ、夕焼け色に滲んだ目に落ち着きがなくなって、泳ぐみたいに夜の街へ出ていったという。つまり、その女にとってこの曲は、淫らな気持ちを呼び起こす曲だったのだろう。――そして女に逃げられた男にとって、「ウィーン綺想曲」は〈悔しい歌〉になった。

以前はレコードが擦り切れるくらいよく聴いた曲が、急に嫌いになることがある。はじめて耳にして、何かに取り憑かれたように夢中になってしまう曲もある。こんな人が、こんな歌をと思ったことも何度もある。みんな〈その人〉と〈その歌〉の間に、他人には測り知れない〈何か〉があるということなのだ。古風に言えば〈因縁〉であり、カタカナにすれば〈ミステリアス・サイコロジー〉かもしれない。いずれにしても〈歌の不思議〉である。――私はこの十年来、ある雑誌に《マイ・ラスト・ソング》という歌や音楽にまつわるエッセイを連載している。テーマはこういうことである。――私がいま、死の床にあるとする。目はもう見えない。指先の感覚もさっきからない。耳だけが、わずかに聞こえる。そこへ影みたいな男が、病院の白い壁を抜けてやってきて、私の枕元にぼんやりと立つ。この世の名残りに、歌を一曲だけ聴かせてあげよう。だけど、一曲だけ。あれもこれもはいけません。見ると、男が羽織っている灰色のコートには、あちこちに大きなポケットがついていて、その中はどうもCDやテープでいっぱいらしい。男は低い声で囁く。さあ、すぐにリクエストしてください。もう時間がありません。

五十をいくつか過ぎたころ連載をはじめて、二年もすればネタが尽きるだろうと踏んでいたのに、いつか還暦を越えて、取り上げた歌の数も、間もなく百二十になろうとしている。一曲だけとなると、それくらい迷うのである。月並みに「朧月夜」もいいが、ひばりの「哀愁波止場」も聴きたい。パティ・ペイジと、ビング・クロスビーと、どっちにしよう。もうすぐ死ぬのだから、「讃美歌三一二番」〔「いつくしみ深き」〕にしようか。けれどこんな際に、恰好をつけてもはじまるまい。——そして私は、突然「蘇州夜曲」を思い出した。「蘇州夜曲」といっても、戦前に出た渡辺はま子と霧島昇のオリジナル版ではない。私が見上げた夜空から、ほろほろと小雪のように舞い降りてきたのは、おおたか静流の「蘇州夜曲」だった。《髪に飾ろか　口吻《くちづけ》しよか／君が手折《たお》りし　桃の花……》——何故、どうしてと訊かれると困ってしまう。この歌にまつわる切ない思い出があるわけではない。昔の女が歌っていた憶えもない。昭和十年代の子供のころ、ラジオで聞いただけの歌である。それなのに、息が苦しくなり、気が遠くなりそうだ。この歌に誘われて、どこか遠くへいってしまいたくなる。そこは、蘇州よりもっと遠いところだ。泣きたくなるような水色と、眠くなるような桜色の光が入り交じって、そこは私たちがいずれいく、懐かしい国に違いない。——おおたか静流の歌は、不思議な幻術のようだ。

おおたか静流のアルバムは、何千年もの間、地中に埋もれていた螺鈿《らでん》造りの筺《はこ》のようである。こっそり蓋を開けると、淡い桜色の煙が立ち上り、幻の歌が代わる代わる聞こえてくる。「みんな夢の中」「月がとっても青いから」「何日君再来《ホーリーチユンツアイライ》」「林檎の木の下で」「オクラホマ・ミキサー」〔「あんまりあなたがすきなので」〕……どれを《マイ・ラスト・ソング》にしようか、ほんとうに迷ってしまう。だから私は、反対にこの人にリクエストしたくなる。つまり私が好きで、最期の歌にしたいと思っているものを、おおたか静流に歌って欲しいのである。たとえば――《一銭二銭の葉書さえ／千里万里の旅をする／おなじコザ市に住みながら／逢えぬこの身の切なさよ》という「十九の春」、春三月、幼稚園の卒園式でよく歌われる「おもいでのアルバム」、戦後すぐに平野愛子が歌った「港が見える丘」、小畑実の「星影の小径《こみち》」、パティ・ペイジは「テネシー・ワルツ」、《赤い花なら曼珠沙華……》の「長崎物語」、童謡なら「月の砂漠」……数え上げれば限《き》りがない。

　はじめに書いたように、歌の聴きようは、聴く方の勝手である。歌っている本人は嫌がるかもしれないが、私がおおたか静流の幻の歌の向うに聴くのは、〈亡びの姿〉であり、その果てに見るのは、〈死の影〉なのである。だから私は、どの歌も《マイ・ラスト・ソング》に思われてならないのだ。けれどこのことは、決して不吉でもないし、暗い思いでもない。《アカルサハ、ホロビノ姿デアラウカ》と言ったのは太宰治だが、この世の滑稽とか道化とか冗談とかは、いつだって〈死の影〉と背中合わせのものなのだ。〈死〉を背負っているから〈美〉は輝くし、夕暮れの墓地に咲き乱れるから、彼岸花はきれいなのだ。すべての歌の彼方に、仄揺れる〈死の影〉を見せてくれるおおたか静流は、宿命の天才か、あるいは神の使徒である。――だんだん大袈裟になっていくようだが、いま私はほんとうにそう思っている。私はほとんど老人に近いから、そんな風に思うのではない。耳を澄まして聴いてみるといい。おおたか静流が歌う声は、母の胎内で聴いた、羊水の漣《さざなみ》の音のようではないか。生れてはじめて仰ぎ見た、月蝕の沈黙にそっくりではないか。そして歌声の隙間から零れるように匂ってくる花の香りは、すべての人の心を酔わせる罌粟《けし》の香りに、似てはいまいか。——それなら、おおたか静流の歌は、遠くて近い〈死の国〉へ誘う歌だと言って、何の不思議があろう。

奇跡は、歌の中だけにある。

夢ん中

いい天気がつづく。〈木枯らしが一晩中聞こえて、ことしも終わりである〉などと書いてみたいところだが、夜中にいくら耳を澄ませても、聞こえない。つい最近知ったことだが、木枯らしというのは、晩秋から初冬にかけて吹く風のことをいうそうで、つまり年が迫ったり、明けたりしたら使えない言葉らしい。私は、何も知らないで、冬なら一月でも二月でも、平気でいままで使ってきた。

〈木枯茶〉という色がある。木枯らしに吹かれて落ちる木の葉の色である。澱《よど》みのない、冴えた茶色をいう。着物に詳しい人などが使っているのを聞いたことがあるが、うまい言い方だし、日本の色という感じがする。こういう色の名前も、だんだん耳にしなくなって寂しい。木枯茶の親戚には、朽葉色《くちばいろ》、赤朽葉、それに枯草色とか檜皮色《ひわだいろ》というのもある。江戸時代には、茶色が粋な色とされ、茶色四十八色というのがあったくらいである。昔は歌舞伎の役者が、それぞれ自分独特の茶色を持っていたというから、なるほど粋である。その中でもポピュラーなのが団十郎茶だが、ほかにも梅幸茶とか芝翫茶《しかんちゃ》、岩井茶に路考茶《ろこうちゃ》などがあったと物の本には書いてある。路考などという役者がいたのだろうかと、不思議に思ったら、これは二代目瀬川菊之丞という女形《おやま》の俳名だそうである。

艶《つや》やかな緑だった梢の葉は、木枯らしに攫《さら》われて落ち、やがて朽ちて土に還っていく。人という木の葉も、この季節、ふと枝を離れ、ふと姿を消す。――逸見《へんみ》稔さんという、三十数年来の友人が亡くなった。私より二歳年上であるが、おなじ時代のテレビ・ドラマで遊んできた仲間だった。森繁さんの『七人の孫』とか、錦之介さんの『真田幸村』、それにこの十年以上つづいている、お正月の『向田邦子シリーズ』も、みんな逸見さんといっしょの仕事だった。はじめは松下電器の宣伝部にいて、後に独立し、『水戸黄門』や『大岡越前』などのヒット・シリーズを創った人である。

おなじ年ごろの、おなじ商売の人がいなくなると、なんとも応える。ついそのことばかり考えて、嫌になる。やりきれなく、寂しく、怖い。それが年が替り、春がくるころには、日毎薄れていって、また次の死に出会うまで、忙しく日は過ぎていくのだ。人がいなくなるのは、順番ではないとも思うが、順繰りだとも思う。生れたその日から、最期のその日に向って歩いているのが人間だと言えばそれまでだが、少なくともこのごろは、《もういくつ寝ると、お正月》という気持ちにはなれない。

というわけで、落ち込んでいたら、これも古い友人の阿久悠さんから、CDが一枚、速達で届いた。まるで私のいまの気持ちを見透かしたような速達である。つまり、聴いて和《なご》んだのである。ほっとしたのである。七〇年代の阿久さんの歌を、坂本冬美が歌っている。タイトルは、『冬美・いい歌みぃつけた！』である。私や阿久さんの世代が、いまそんな気持ちになっているのかもしれないが、このところあの時代の歌が気になっているのは、私もおなじである。つい先ごろから、私は読売新聞の夕刊に小説を書いているが、その中にも当時の〈猫〉というフォーク・グループの歌を、出している。「雪」「地下鉄にのって」「各駅停車」などの歌である。特に「各駅停車」は、懐かしいだけでなく、いま聴いても胸に響く。――《……各駅停車の汽車は今／想い出の街を出る／僕の微笑《わらい》が歪んでいるのは／降り出した雨のせいじゃない》。詞は「神田川」の喜多條忠《まこと》である。余談だが、この喜多條という人は作詞家にしては立派過ぎるくらいの体格の男で、それがある日、あるパーティで、当時の横綱・輪島と顔を合わせた。〈喜多條さん、あなた、いい体をしている。相撲取りになりませんか〉〈光栄です。しかし、シコ名は何としましょう？〉〈もちろん、神田川です〉。

あのころ、阿久さんはいい詞を書いている。「夢ん中」「ざんげの値打ちもない」「とても不幸な朝が来た」……。歌ったのは、それぞれ小林旭、北原ミレイ、黛ジュン。――こんどのCDには入っていないが、おなじ七〇年代はじめに阿久さんが書いて、杏真理子という歌手が歌った「さだめのように川は流れる」も忘れられない。この歌を絶望的に歌った杏真理子が、少し後にアメリカで、とても不幸な死に方をしたのを憶えている人はいるだろうか。

歌は時代が作る。あるいは、時代が自分に歌を書かせたと阿久さんは言うが、彼が書いた歌が、〈あのころ〉という時代に、色を添え、匂を与えたのも、ほんとうである。七〇年代、そう言っていいくらい、阿久さんは力のある歌をたくさん書いた。大きな絵筆で、〈時代〉という壁に巨大な壁画を描きなぐっていた。傍にいて、彼の激しい息づかいが聞こえたし、絵具が飛んできたし、濃い体臭が匂ってきたものだ。だから私は、あのころ自分の周りに起こったことを思い出すと、かならず阿久さんの歌が一つずつ聞こえてくるような気がする。ついて廻るという感じである。

あのころは、阿久さんや私の、第二の青春時代だったのかもしれない。一九七〇年と言えば昭和四十五年、私は三十五歳で、阿久さんは二つ下だから三十三だった。彼の歌で七〇年代をたどってみれば、昭和四十五年が「白い蝶のサンバ」「ざんげの……」、尾崎紀世彦の「また逢う日まで」が次の年、「ジョニィへの伝言」と「五番街のマリーへ」は四十八年で、ジュリーの「時の過ぎゆくままに」が昭和五十年である。「時の過ぎゆくままに」は、阿久さんと上村一夫が『週刊女性』に劇画で連載し、それを私がドラマにした『悪魔のようなあいつ』のテーマ曲だった。ジュリーがきれいで、若山富三郎さんも元気だった。そして、阿久さんも私も、若かった。怖いものがなかった。息もつかずに走りつづけ、ふと立ち止まって、幾つもの悔いが胸の底に残っているのに気づいたりもしたが、それを忘れてまた走った。耳元で鳴る風の音が激しかった。

あれから二十年――みんな〈夢ん中〉である。

酒はにがいし　煙草はからい
紅はとけるし　寝床は寒い

そんなお前の肩抱き寄せて
惚れたようだと俺はいう

男もつらいし　女もつらい
男と女は　なおつらい

それでいいのさ　いいんだよ
逢うも別れも　夢ん中

詩人の魂

花曇りの朝、一人の男が茅葺《かやぶ》き門を潜《くぐ》り、苔《こけ》のむした踏み石伝いに、急ぎ足に入ってくる。見覚えのある風貌なので、はて誰だったろうと思案しているうちに、唐桟《とうざん》の袷《あわせ》の上に広袖の半纏《はんてん》を引っ掛けた男の背中に、ちょっとそこらで見かけない凄味のある色気を感じて、私は思い出した。だが、私の記憶の中の男は、こんなに髪が白くなかった。エドガー・ポーの短篇に『メエルシュトレームに呑まれて』という恐ろしい作品があって、その主人公のスカンジナビアの漁師は、ある夜、北海の沖で時化《しけ》に遭い、巨大な漏斗状《じょうご》の渦に呑み込まれて、死ぬ思いをした。明くる朝、鎮《しず》まった嵐が去って澄んだ水に映った自分の顔を見た漁師は、卒倒した。たった一晩のうちに、豊かで艶《つや》やかだった髪の毛が、真っ白になっていたのだ。――今朝の男が、そんな怖い体験をしたとは思えないが、ポーのイメージが浮かんだおかげで、私は彼の名を思い出した。――花吹雪に誘われて、蹌踉《そうろう》と現れたのは――あの、なかにし礼だった。

〈あの、なかにし礼〉の〈あの〉とは何か。それは〈色気〉のことだ。あるいは運命的とさえ言える〈女との宿縁《しゆくえん》〉のことだ。私は、なかにし礼と言えば、何よりも「さくらの唄」を思い出す。

何もかも僕は　なくしたの
生きていることが　つらくてならぬ

と始まる、この僅か八小節の単調な繰り返しの唄は、文字通り〈歌〉というよりは〈唄〉だった。けれど、この気鬱さはいったい何だろう。「さくらの唄」は《もしも僕が死んだら友達に／ひきょうなやつと　わらわれるだろう》とつづき、《今の僕は何を　したらいいの／こたえておくれ　別れた人よ》になって、ここで初めて女が現れる。だがこの男には、恥も見栄もない。胸の底に澱んだ滓《かす》まで曝《さら》けだして、ひたすらに嘆き哀しむ。絶望もここまでくると、次第に色づきはじめ、末期《まつご》の女のように身悶えるのだろうか。〈僕〉でありながら、このとき、なかにし礼は紛れもない〈女〉なのだ。後に美空ひばりもレコーディングしたが、「さくらの唄」は最初作曲の三木たかしが歌って、昭和四十五年にソニーから発売された。その年、なかにし礼三十二歳、三木たかし二十五歳、たぶん若い二人は砂地獄の底で喘いでいた。〈砂地獄〉とは〈女地獄〉のことである。――しかし、そのレコードはまるで売れなかった。私はそのころ、偶然に四十五回転のドーナッツ盤を持っていたが、あまりの暗さと、奇妙な色気に驚いたものだ。そして「さくらの唄」は、私に取り憑いて、今日まで私から離れない。

《これで皆んないいんだ　悲しみも／君と見た夢も　おわったことさ》《愛した君も　今頃は／僕のことを忘れて　幸福だろう》――水の底に、二人の男の顔が揺らめいて見える。寄り添うように、かと思うとお互い背を向け合って――これは二つの青春の絶唱である。そして最後の連で、私たちはあまりの望みの無さに、そしてあまりに可憐な色気の香りに、噎《む》せて酔い痴《し》れるしかなくなってしまう。

おやすみをいわず　ねむろうか
やさしく匂う　さくらの下で
さくらの下で

それから何年経ったやら――。めっきり髪が白くなったなかにし礼が還ってきた。何かに追われるように還ってきた。いまから二十年前、私は『昭和幻燈館』という私のはじめて出した本の中で、こんなことを書いている。――〈なかにし礼は、ある時期、自分の人生の恥を恐れもなく歌謡曲の詞の中に曝《さら》してみせた。だからその時期、彼は作詞家というよりは詩人であった。（中略）ただ凡俗の恥をそのままに素直に恥じ、その恥を自分の皮膚のように愛撫し、捨て切れないで自分の中に溢れさせたのがその時期のなかにし礼であった。このころの彼の詩は、甘美なメロディに装われてはいたが、地獄を垣間見た歌だった。ちらりと覗き見た地獄から這々《ほうほう》の体《てい》で逃げ出してふと立ち停まり、もういちど抜き足差し足でとって返して確かめた地獄の唄である。そこには彼が愛したり欺《だま》したりした女たちが、髪抜け落ちて空《うつ》ろな目でさまよっていたかもしれない。この世に生まれ出ることのなかった死児たちが、真っ白い枯れ枝に、幾つも蟬のようにとまっていたかもしれない。なかにし礼は、そういう白茶けた光景を、大胆に歌謡曲の中に写し出してみせたのである〉――これが「さくらの唄」という名曲の背景だった。

なかにし礼はもともと純粋詩、それもフランス象徴詩志向の詩人だった。作詞家としてヒットメーカーになっても、アルチュール・ランボーやマラルメを訳し、昭和四十八年には『ラディゲ詩集』を出しているが、このことはあまり知られていない。だからその当時の彼の作品には、いかにもフランス的な視覚と、物語性と、言葉の香りがあった。たとえば《私の心に　ぽっかりとあいた／小さな穴から　青空が見える》（「自由の女神」）というフレーズを私は奇蹟のアングルだと思う。そこに〈詩人の魂〉が乗り移る。このころのなかにし礼の目に青空は遠かったのだろう。地の底から見れば、いつか見た青空はあまりに遠すぎ、あまりに美しすぎるのである。あるいは《残されてしまったの　雨降る町に／悲しみの眼の中をあの人が逃げる》（「あなたならどうする」）という一節はどうだろう。霧に煙った、フランス映画の一齣《ひとこま》を見るような、哀しみが漲《みなぎ》っているではないか。数え上げれば際限《きり》がない。訳詞とはなっていても彼のオリジナルに等しい「別れの朝」の《やがて汽車は　出てゆき／一人残る　私は／ちぎれるほど　手をふる／あなたの目を　見ていた》——の悲傷の光景は、彼の他に誰が書けただろう。煙を吐き、手動で窓が開けられた、懐かしい蒸気機関車の時代だった。ちあきなおみの「喝采」にしても、三橋美智也の「哀愁列車」にしても、電気仕掛けになれば話にならない。——〈汽車〉が姿を消して、歌謡曲の〈別れ〉の風景は、つまらなくなった。

なかにし礼は、突然、花ざかりの森へ還ってきて、小説を書きはじめた。言い換えれば小説を書くために、物の怪《け》に憑かれたように還ってきたと言ってもいい。その作品は既にたくさんあるけれど、私は『赤い月』がいちばん好きだ。それに次ぐのが『さくら伝説』である。あの歌謡曲の時代の女たちも、彼に尾《つ》いて戻ってきたのだ。そして彼自身も、もう一度女になろうとしている。この倒錯した妖美の風景を、私はいま、どう説明していいのか解らない。

——ただ一つ思い当たるのは、いま彼は〈物語〉という形で、〈詩〉を書こうとしているのではないか、ということである。

と気づいてみれば、「さくらの唄」のころの彼は、それとは真逆に、詩という形式で、数知れない〈物語〉を書いていたのではなかろうか。この遠く離れた二つの時代を繋ぐ〈キーワード〉は、〈詩人の魂〉と、〈色気の美しさ〉ということになる。だから、なかにし礼の〈生還〉には不吉な匂いさえする。若い日の三島由紀夫が怖れた、〈凶事《まがごと》〉の予兆がある。燦々《さんさん》と降り注いでいた陽光は翳《かげ》り、代って世界は、見渡すかぎりの月光に濡れそぼるかもしれない。還ってきたなかにし礼は、太陽の子ではなく〈月よりの使者〉なのかもしれない。

——それは凄いことだ。こうして今、新しい〈詩人伝説〉が生れようとしている。

リンゴの唄と戦後の青空

私は〈ringo〉と書くとき、〈林檎〉と書いて〈りんご〉とも〈リンゴ〉とも書かないが、「リンゴの唄」だけは〈リンゴ〉と書く。あれは〈りんごの唄〉でも〈林檎の唄〉でもなく、「リンゴの唄」だった。

古い字や表現が好きだという私の好みもあるが、私が〈林檎〉という字に拘《こだわ》るのは、たぶん藤村の『初恋』の《まだあげ初めし前髪の／林檎のもとに見えしとき》と、白秋の《君かへす朝の舗石《しきいし》さくさくと／雪よ林檎の香《か》のごとく降れ》のせいだと思う。白秋には他に《監獄《ひとや》いでてじっと顫《ふる》へて噛む林檎／林檎さくさく身に染みわたる》という、人妻との不幸な恋の末に、姦通罪で投獄されたときの辛い歌もある。——つまり私にとって、〈林檎〉は浪漫の匂いのする字なのだ。

私たちが子供のころは、果物と言えば、林檎と蜜柑と梨だった。あのころはどこの家にも、きまったサイズの林檎箱や蜜柑箱があって、机を買ってもらえない子は、林檎箱に新聞紙や千代紙を貼って勉強したものだ。病気になって寝込めば、林檎を摺《す》って匙《さじ》で食べさせてもらった。冬の夕暮れの陽が赤かった。林檎は昭和のいちばん大衆的な果物だった。

戦争になって、その林檎さえ口に入らなくなった。林檎の赤が恋しかった。林檎を噛んだときの歯触りや、舌に沁みる冷たい味が懐かしかった。妙なもので、味は甘さよりも酸っぱさが思い出された。小学三年の図画の時間に、写生ではなく、想像で食べたいものを描きなさいと言われたことがある。みんなが食べる物のことしか考えていなかった時代には、残酷な課題だった。描き易かったせいもあるだろうが、集まった四十枚のクレヨン画の半分は、林檎の絵だった。

サトウハチローという人は巨《おお》きな人だ。青空というカンバスに、真っ赤なリンゴを、大きく一つだけ描いた。〈りんご〉でもなく、〈林檎〉でもなく、彼が描いたのは〈リンゴ〉だった。もし〈リンゴ〉でなかったら、あの歌はあれほど巨きな歌にはなっていなかっただろう。青と赤の、笑ってしまいたくなるほど見事なコントラストは、カタカナでしか表現できなかった。——一九四五年秋、あのころの空は本当に大きく青かった。国中の工場が焼かれ、すべての煙突が煙を吐いていなかったから、煤煙というものがなく、大気はどこまでも澄んでいた。長い日本の歴史の中で、あの数ヶ月くらい空が青かった季節はない。あの青空こそが、真正の〈青〉だった。

私は十歳だった。乾いたトマトのように血色が悪く、針金みたいに痩せていた。力のない目で空に浮かぶ幻の〈リンゴ〉を見上げているだけで、昨日のことも、明日のことも考えていなかった。棲む家もなかった。学校もなかった。食べる物はもちろんなかった。――あの年の秋は、大人たちより私たち子供の方が、本当の空白感というものを抱えていたような気がする。

「リンゴの唄」は不思議な歌だ。あのころの歌と言えば、誰にとってもこの歌がいちばん〈巨きな歌〉だったはずなのに、後になって思い出の歌は？　と訊ねられると、私たちの世代はどうしてか「港が見える丘」とか「君待てども」とか「星の流れに」などと、ちょっと口ごもりながら答えてしまう。どれも流行った歌ではあったが、薄暗く重い歌である。焼跡とメタンガスの匂いが蘇るデカダンな歌である。なぜ正直に「リンゴの唄」と言わないのだろう。――明る過ぎて、恥ずかしいのだ。

言い換えれば、それはカタカナの恥ずかしさである。こんなに明るくていいのか、という身も世もない羞恥心なのだ。私たちは見渡すかぎりアナーキーな風景の中で、身に纏うものもなく、稚《おさな》い性器を曝《さら》した裸の子だった。ベトナムやバングラディッシュの子と同じだった。

「リンゴの唄」は、イントロ八小節を聴いただけで、あの日の下腹部の寒さを思い出させてくれる。だから慌てて、身につかない屈折を気取り、平野愛子や菊池章子の名を挙げて居直ってみせるのだ。――あの時代、素直な男の子なんていなかった。男の子は少年になり、やがて大人になっても、所詮素直にはなりきれなかった。

私たちは「リンゴの唄」を、雑音のひどいラジオと、闇市の焦げた電柱に括《くく》りつけられた拡声器で聴いた。私たちの上には、涙が出そうな青空があった。青空には真っ赤なリンゴがポッカリと浮かんでいた。――あの赤は、私たちの含羞《はじらい》の色だったのだろうか。

桃と林檎の物語

作詞は余技のように言われることがありますが、とても心外です。いろんなことをやってきましたが、もしかしたら私は、この仕事にいちばんパッショネートかもしれません。とにかく歌が好きで、歌といっしょに育ち、歌といっしょに老いてきました。世に残る歌を一つでも書くことができたら、どんなに嬉しいだろうと思います。けれど、残念ながら、自分でそう思える歌は、まだ書いていません。悔しいと思います。

最初にちょっと売れたのは、堺正章の「涙から明日へ」で、その後、天地真理「ひとりじゃないの」、沢田研二「コバルトの季節の中で」、郷ひろみ「真夜中のヒーロー」などがありますが、忘れられないのは藤竜也の台詞だけの「花一輪」でした。もう二十年も昔の話です。昔の名前は、小谷夏でした。

その後、少しブランクがあります。作詞家のゴルフ・コンペには出ていましたが、これというものは書いていません。けれど、その間も、星野哲郎、阿久悠、なかにし礼、吉岡治、中山大三郎、たかたかし他の皆さんと親しくさせていただき、歌を忘れてはいませんでした。ハマクラさん〔浜口庫之助〕や、安井かずみさんが亡くなって、寂しい思いもしました。みんな世に残る、いい歌を書いた人たちでした。

このまま終わるのは、いかにも無念で、名前を変えてまた書きはじめたのが、四、五年前のことです。香西かおりの「花挽歌」「無言坂」で、歌をつくる嬉しさを思い出しました。これから、いったいどれだけのことができるのか、自分でもわかりませんが、歌への思いを新たにした矢先の、今回の受賞でした。「桃と林檎の物語」は、いままであまり書かなかったタイプの歌でしたから、ちょっと意外で、その分とても嬉しく思いました。ありがとうございます。

《春がきたのに、さよならね》（山口洋子）、《くもりガラスを手で拭いて／あなた明日が見えますか》（吉岡治）、《私の心にぽっかりとあいた／小さな穴から青空が見える》（なかにし礼）、《一銭二銭の葉書さえ／千里万里の旅をする》（作者不詳）、《友だちなら、そこのところうまく伝えて》（阿久悠）、そして《浮いてさわいだ、夜の明け方は／箸を持つ手が、重くなる》（星野哲郎）——それにしても、どうしてみんな、こんなに上手いのでしょう。

半分の月

これから先のことはわからないが、私はいままでの六十数年の間にたった二度だけ、レコードの吹き込みというものをやったことがある。いまでは〈レコーディング〉といって、〈吹き込み〉などとは誰も言わないが、私が子供のころから昭和二十年代まではみんなそう言っていた。私が吹き込んだのは歌ではなく、管弦楽曲だった。つまり、管弦楽団の一員としてあるパートの楽器を演奏したのだから、大したものである。しかもそのうちの一曲はハイドンの交響楽というのだから、もっと自慢してよさそうなものだが、私は今日までこの話を人にしたことがない。それは、ハイドンの話をはじめると、どうしても私が担当していた楽器と、ある一人の女の人について話さなければならないからである。

　私はそのころ、阿佐ケ谷の杉並第一国民学校の一年生だった。前の年まで小学校だったのが、教育法の改正で、私たちが入学した昭和十七年から、国民学校と呼び方が変わり、私たちはその一期生だった。もう戦争ははじまっていた。学校では分列行進もやったし、防空訓練もした。けれど杉並第一は情操教育に熱心な学校で、一年生から六年生までの三十人ほどの生徒だけの管弦楽団があって、週に三日、放課後に音楽室で練習をつづけ、年に一度、都のコンクールに参加していたのである。私がどうしてそのメンバーに選ばれたのかは、いまでも不思議なのだが、いずれにしても選抜された私は嬉しかった。練習がある日は、少しぐらい熱があっても、学校を休まなかった。私の楽器は――ここで私は口ごもってしまうのだが――〈ミハルス〉だった。いまミハルスというと、みんな首を傾げるが、当時は確かにそういっていた。といって珍しい楽器でも何でもなく、それは〈カスタネット〉のことだった。一年生はみんなミハルスだった。学年が上にいくにしたがって、小太鼓、フルート、ピアノという風に程度が高くなり、高学年になるとヴァイオリンやヴィオラやチェロが弾ける。私は早く大きくなって、ヴァイオリンが弾きたかった。六年生にとてもきれいな女の子がいて、その子がヴァイオリンだったたのである。

コンクールが近くなると、学校の音楽室では狭いので、区内の公会堂へいったり、代々木の日本青年館で開かれるコンクールの当日は電車に乗ったりしなければならないので、私たち一年生には一人ずつ上級生がついてくれることになっていた。私は運がよかった。私と手をつないでくれることになったのは、六年生のヴァイオリンのお姉さんだった。色が白くて髪の長いお姉さんは〈市川睦月〉といった。一つ違いの五年生の妹がいて、やはりヴァイオリンを弾いていた。その人は〈市川皐月〉だったから、きっと生まれた月の名なのだろう。そのころの〈昭子〉とか〈和子〉みたいな名前ばかりの中で、この姉妹の名はとても垢抜けていた。品があって浪漫的で、少女小説に出てくる名前のようで、私はそのことにも動悸したものだ。

実際私は、学校へ上がる前から、九歳年上の姉の本箱に並んでいた少女小説の熱心な読者だった。古谷信子の『花物語』はもちろんのこと、加藤まさをの『消えゆく虹』や横山美智子の『紅薔薇白薔薇』に北川千代の『絹糸の草履』、加藤武雄の『君よ知るや南の国』といったそのころ評判の少女小説を、暗記するくらい繰り返し読んでいた。そこに出てくる典雅に美しい姉と、ちょっとお転婆で可愛い妹に、睦月と皐月の姉妹はそっくりだった。夕暮れの窓でヴァイオリンを弾く姉妹というのも、典型的な少女小説の情景だし、ちょっと気が強くて明るい妹が、伏し目がちに憂い顔の姉の引き立て役というのも、パターンの一つだった。――私が駅の地下道への階段を降りながら、お姉さんの白い指に自分の指を絡ませていると、その脇を笑い声を立てて駆け降りていくのは妹だった。私は幸福だった。こんな日がいつまでもつづいて欲しかった。

よく憶えてはいないが、たぶん私たちの管弦楽団は、その年のコンクールに入賞したのだろう。目黒の録音スタジオで、ハイドンの「おもちゃの交響曲」の吹き込みをすることになった。みんな嬉しくて興奮していた。――秋だった。少し肌寒い夜だった。目黒の高台にあった白いスタジオの上に、半分ぐらいの月が出ていた。リハーサルが終わって、吹き込みの本番までに少し時間があった。お姉さんに誘われて、私はスタジオの中庭の芝生に足を投げ出して坐った。半ズボンの足に、刈り込まれた芝生の芝がチクチク痛かった。睦月さんは白いハンカチに包んだお弁当箱から、林檎の剝いたのを取り出して私にくれた。睦月さんの林檎は、赤い皮に切れ目が入っていて、それが兎の二つの耳に見えるようになっていた。私たちは並んで兎の林檎を食べた。しばらく黙ってから睦月さんが「今日で、おしまいね」と言った。私は林檎を胸に詰らせた。――そんなこと、考えてもいなかった。――ミハルスは雛壇のいちばん上で、ヴァイオリンは指揮者のすぐ近くの最前列だった。私は本番の間中、仲間たちの頭越しに、睦月さんのヴァイオリンの弓を操る白い指だけを見ていた。私の頭を撫でてくれたり、洋服の釦《ボタン》を留めてくれたり、電車からホームへ降りるとき、私の掌をしっかり握ってくれた優しい指だった。白い指だった。あの指が、しばらくしたら卒業して、どこか遠くの女学校へいってしまう。――「今日で、おしまいね」。ハイドンがどんどん遠くなり、お姉さんの声だけが、いつまでも私の耳に残った。

次の年は「森の水車」だった。私の楽器はミハルスを卒業して、小太鼓になっていた。私たちの学校は、この年も入賞しておなじように吹き込みをしたはずだが、どこのスタジオでどんな様子だったのか、誰に手を引かれて電車に乗ったのか——私はまるで憶えていない。あのころのことで憶えているのは、赤い耳の林檎の兎と、仄かに白いお姉さんによく似た、あの夜の月だけである。

懐かしの〈三大小径〉

戦争が終わって、私たちはポカンとした。真夏の強い日差しの中で、どっちを向いても涼しそうな日陰がなく、兎に角世の中が等し並みにただ暑くて、私たちはポカンとするしかなかった。昭和二十年八月、私たちの街はこの月の初めに、隅から隅までアメリカの焼夷弾で焼き尽くされ、実際の話、建物も木立も、日差しを遮るものは何もなかった。比喩ではなく、あの年は〈昭和〉の中で一番暑い年だった。空からの太陽だけでなく、焦げた地面の熱が、夜になると地中から滲み出てくるのだから、堪ったものではない。露出オーヴァーで、街が一日中、白く発光していた。

そこに、唐突に〈歌〉が現れた。――「リンゴの唄」「港に灯りのともる頃」、後を追うように「悲しき竹笛」「東京の花売娘」「別れても」「かえり船」、昭和二十二年になって「啼くな小鳩よ」「雨のオランダ坂」「夜のプラットホーム」、そして極め付けが平野愛子の「港が見える丘」――いま思い出すと、あの可憐な歌たちは、しばらく続いた、あの長く白い季節の、副産物であり、残滓《ざんし》だったような気がする。

　戦後十年の間に、私は痩せ細った小学生から、度胸のない不良紛《まが》いの中学生になり、女の子の目ばかり気にしていた高校生に〈成長〉して行ったはずなのだが、それらの記憶の欠片《かけら》を繋ぐ糸は、あのころの〈流行歌〉たちだった。初めて接吻した子の名前は思い出せなくても、「港が見える丘」と、タンゴの「カプリ島」が交互に鳴り響く、紡績工場のダンスパーティーの光景は、いまでも幻みたいに甦る。リーゼントの髪を〈柳屋ポマード〉で固めた男たちの首に、霜焼けの頬が真っ赤な女工たちが、ぶら下がって踊っていた。小学生の私たちが窓に攀《よ》じ登って見物している戸外まで、女工たちの安香水と、あからさまな〈性〉の匂いが漂ってきて、私たちは目眩《めまい》がしそうだった。私が住んでいた家の近くの紡績工場では、毎週土曜日の夜に、従業員慰安のダンスパーティーが集会場で開かれたが、むろんそんな時代だから、〈レコードパーティー〉で、繰り返し繰り返し「港が見える丘」と「カプリ島」が狭い集会場に、凄い音量で鳴っているのだった。二枚しかレコードがなかったのだ。後年、『同棲時代』の劇画家・上村一夫は、酔うとギターを抱えて、歯の抜けた口で「港が見える丘」を唄ったものだが、上村は歌詞の中の〈あなた〉を〈アンタ〉に、〈わたし〉を〈アタイ〉に替えて唄った。つまり《アンタとアタイが来た丘は　港が見える丘》で始まり、《チラリホラリと花片《はなびら》　アンタとアタイにふりかかる　春の午後でした》で終わるわけである。

紡績工場の男女が思い出されて、私は切なかった。胸が痛くなった。上村も子供のころ、〈性〉の匂いのするダンスパーティーを覗き見ていたのだろうか。――〈戦後〉というと、私はこの唄を想う。

戦争に敗けて初めての〈流行歌〉は、「リンゴの唄」だったが、私はこの唄を歌わなかった。何だか気恥ずかしかったのだ。青すぎるくらい青い空に、真っ赤なリンゴがポッカリ浮かんで見えた。闇市のスピーカーから、この唄は気が違ったように、朝から晩まで流れてきたが、闇市の店頭に積んであったリンゴは、色褪《あ》せて萎《しな》びていた。あの唄でみんな元気になったと人は言うが、本当にそうだったろうか。私たちは白々とした気持ちになって、顔を背けた。同じころ天から降ってきた〈自由・平等〉あるいは〈民主主義〉といった言葉たちと、〈赤いリンゴ〉はよく似ていて、胡散臭《うさんくさ》かった。焼け跡の小学生たちは、ひねくれていたのかもしれないが、私たちには「リンゴの唄」よりも、平野愛子が自堕落に唄う「港が見える丘」や「君待てども」の方が、優しかった。この唄を忘れるな、忘れるなと、〈頽廃〉が囁いていた。

私たちの世代は、誰もが一つずつ、終戦直後の唄を胸の底に秘している。上村一夫は「港が見える丘」で、阿久悠は田端義夫の「別れ船」、倉本聰は「君待てども」で、和田誠は『麻雀放浪記』のタイトル音楽に使っていたから、「東京の花売娘」なのだろう。亡くなったラジオドラマの名人・松井邦雄は、昭和二十一年の「黒いパイプ」だった。《君にもらったこのパイプ／昼の休みに窓辺によれば／黒いパイプに青空映る……》——サトウハチローと服部良一の綺麗なタンゴだった。このコンビは、昭和二十二年にも「胸の振子」という名曲を遺している。《柳につばめは／あなたにわたし／胸の振子が鳴る鳴る／朝から今日も……》——あの唄たちは、何処へ行ってしまったのだろう。

灰田勝彦という歌手を憶えているだろうか。ハワイ生れの陽気な奴で、戦前や戦時中にハワイアンや「燦《きら》めく星座」「森の小径」「鈴懸《すずかけ》の径」などでよく知られ、昭和十七年の「新雪」は大ヒットした。《紫けむる新雪の／峰ふり仰ぐ　このこころ／ふもとの丘の　小草をしけば／草の青さが　身にしみる》——戦争の最中に、よくこんな優しいタンゴが作られたものである。因みに灰田勝彦が歌った「空の神兵」や「加藤隼戦闘隊の歌」「ラバウル海軍航空隊」などの軍歌も、本人は悲壮に歌っているつもりでも、キャラクターが反映して、どこか伸びやかで明るく、軍歌なのに、眼下に椰子の葉がそよぐ南国の白い浜辺が見えるようで楽しかった。

私の家には蓄音機がなかったから、戦時中や戦後すぐに、私が〈流行歌〉を聴いたり、憶えたりしたのは、ほとんどがラジオからだった。それも民間放送が出来たのは、もっと後のことだから、ラジオは全てＮＨＫだった。流行歌はもちろんのこと、落語も講談も浪花節も、雑音がビービー鳴るラジオを、手で叩いたり、足で蹴飛ばしたりしながら聴いたものだ。「御前崎付近から侵入した敵B29の編隊は、北々西に進路を取り、目下近江八幡付近を北上中」などという〈東部軍管区情報〉も、私たちは日本地図を前に、体を硬くして聴いていた。

——戦争が終わると、娯楽はみんなラジオである。〈話の泉〉とか〈二十の扉〉とか、流行歌は〈今週の明星〉だった。聞き取りにくいラジオに耳をくっつけて、「フランチェスカの鐘」や「湯の町エレジー」の歌詞を教科書の裏表紙に写し取った。当時は〈歌詞〉のことを、〈歌の文句〉といっていた。『平凡』や『明星』といった雑誌の付録に、いわゆる〈歌本《うたぼん》〉が付くようになったのは、もっと後のことである。

〈ハワイアン音楽〉が好きになったのも、〈ヨーデル〉という歌唱法を知ったのも灰田勝彦の歌からだった。〈ヨーデル〉は元々、チロル地方の、地声と裏声を交互に使って歌う歌い方で、早いテンポで声が引っ繰り返るのが面白いのだが、素人にはとても難しい。これは後にハワイアンにも取り入れられ、私が初めてヨーデルを聴いたのは、灰田勝彦の「森の小径」だった。この歌は、僅か十六小節の短いメロディーの繰り返しの小さな歌だが、素直で心優しい少年と少女が、浜辺で寄り添う姿が微笑ましい。ウクレレとスチール・ギターが、誰にでもあったピュアな時代の気持ちを呼び覚ます。作詞は佐伯孝夫、作曲は灰田勝彦の実兄の、灰田晴彦（後の有紀彦）だった。

ほろほろこぼれる　白い花を
うけて泣いていた　愛らしい　あなたよ
憶えているかい　森の小径
僕もかなしくて　青い空　仰いだ
なんにも言わずに　いつか寄せた
ちいさな肩だった　白い花　夢かよ

間奏に灰田勝彦のヨーデルが四小節入る。こういう何でもない、ストレートな歌が、どうしてこのごろはないのだろう。純愛は若い監督の映画などにはいまでもあるが、これが歌になると少年も少女も、妙に屈折したり、お互いを疑ったり、挙げ句の果てに自棄《やけ》になったりする。「森の小径」の情景は今日だってあるはずだし、何も言わずに寄せ合う肩と肩は、いつの日だって震えている。

灰田勝彦には昭和十七年に「鈴懸の径」という懐かしい曲がある。この歌は戦後になって

〈鈴木章治とリズムエース〉によって演奏されたインスツルメントが大ヒットした。鈴木章治のクラリネットの、特徴のあるイントロが鳴りだすと心が浮き立った。

友と語らん　鈴懸の径
通いなれたる　学舎《まなびや》の街
優しの小鈴　葉蔭に鳴れば
夢はかえるよ　鈴懸の径

昭和二十二年の「燦めく星座」と、同じ年に再発売された「鈴懸の径」につづいて、二十四年には「東京の屋根の下」が売れ、そして二十六年の「アルプスの牧場」で灰田勝彦の時代がやってきた。甘いフェースと鼻にかかった歌声に男も女も熱狂し、公会堂や劇場の実演には客が入りきらなかった。灰田勝彦が野球の別所昭（後の毅彦）、横綱・東富士と義兄弟の盃を交わしたのも、このころだった。アロハシャツと、戦後流行ったベージュのホームスパンの上下が、こんなに似合った歌手はいなかった。——私は高校一年生だった。ヨーデルだらけの「アルプスの牧場」を一日中歌っていた。《雲がゆく雲がゆく　アルプスの牧場よ／鈴蘭の花咲けば　レイホー　レイホー　青春の胸が鳴る》——この〈レイホー　レイホー〉

の部分が〈ヨーデル〉なのである。ひねもす歌っていたから、裏声もだいぶ出るようになった。夏休みには鳥の羽根のついたチロルハットも買った。

だが、それにしても私は、戦後の憂鬱な歌にばかり溺れていたのに、どうして灰田勝彦の単純に明るく、軽佻とも思われる歌に現《うつ》つを抜かすようになったのだろう。それまで私が口ずさんでいたのは、「港が見える丘」をはじめとして、「誰か夢なき」とか「星の流れに」とか、「かりそめの恋」とか――投げやりで自堕落で、メタンガスみたいな、懶惰《らんだ》の歌ばかりだった。どの歌も歌詞を読むと純愛がテーマなのに、平野愛子や菊池章子や三條町子が歌うと、煙草を咥《くわ》えた娼婦の独り言のように聞こえるから不思議だった。あの〈時代〉を染めていた、濁った空気の色と、焼け跡の匂いのせいだったのだろうか。

その反動だったとも思わないが、灰田勝彦の歌には、奇妙な〈南京手品〉みたいな魅力があった。バタ臭い分、信用できないところもあったが、人懐っこくて甘やかで、口の中のバターが溶けていくような、セクシーな溶解感があった。リアルタイムで聴いたことがないはずの中野翠さんが、灰田勝彦に痺れていると聞いたことがあるが、「森の小径」の灰田勝彦は、時空を超えて生きているのかもしれない。

「森の小径」「鈴懸の径」と並んで、もう一つ「青い小径」という灰田勝彦の、知られざる名曲があると教えてくれたのは、小林亜星さんだった。この三曲を〈三大小径〉というのだそうだ。〈三大秘境〉や〈三大テナー〉の〈三大〉である。亜星さんの命名だと思うが、〈三大小径〉というところが面白い。

青い小径ゆけば　去りし日よ懐かし
すみれ咲けど淋し　静かなる小川よ
今も求むるは　君のまぼろしよ
いとし君よ何処《いずこ》　いつの日か
また逢わん

詞も曲想も前の二曲をなぞっているのだが、アメリカ民謡の「峠の我が家」にちょっと似ていて、聴いてみるとなかなかいい。稚《おさな》い恋というものは、こんなものなのだ。

灰田勝彦で忘れてならないのは、「マウイ・ワルツ」である。典型的なハワイアン・ワルツで、これまた八小節を二度繰り返すだけの、短い歌なのだが、灰田歌謡の原点と言える。《夏が来れば　想い出す／月の浜辺　碧い海》《ああまた逢える　砂浜で／南の唄　唄おうよ》――これが歌詞の全てである。これを聴いていると、灰田勝彦という人が、だんだん不世出の歌手のように思われてくる。私はある雑誌に《マイ・ラスト・ソング――あなたは、最後に何を聴きたいか》という、古今東西の歌についてのエッセイを連載して、間もなく二百回になろうとしているが、これは命があと三分と宣告されたとき、音楽CDを山ほど積んだワゴンがやってきて、どんな歌でも最後に一曲だけ聴かせてやると言う。ただし、一曲だけである。あれもこれも聴きたいが、リクエストはたった一曲だけ——さあ、あなたならどの歌にするか。——やっぱり「港が見える丘」にしようか、それとも「青い山脈」のB面の「恋のアマリリス」にしようか。美空ひばりも聴きたいが、ちあきなおみの、やる気のない歌の数々も捨てがたい。けれど、その歌を聴きながら気が遠くなり、やがて〈あの世〉とやらへ行くのである。慎重に選ばなければならない。《菜の花畠に入日薄れ》の「朧月夜」にしようと思ったとき、私はふと、「マウイ・ワルツ」を思い出す。寄せては返す波のように、戦後六十年、ずっと耳の裏に鳴っていた歌である。間奏で、懐かしい〈ヨーデル〉も聴ける。

——これにしよう。

私たちは因果なことに、〈戦争〉や〈焼け跡〉や、〈あのころの歌〉から逃れられない世代なのだ。ガード下の娼婦の歌や、淫らなダンスパーティーの歌や、南の島の恋の歌まで、見境なくポケットに詰め込んで、それをいつまでも捨て切れないで、今日まで未練がましく持ち歩いてきた〈人種〉なのである。歌というのは厄介なものだ。性悪女《しょうわる》みたいに愛想を尽かすことも、忘れてしまうことも出来ない。独りの夜に、涎《よだれ》を垂らして撫でさすったりしている。誰かが言っていた。――〈花ニ嵐ノタトエモアルサ。サヨナラダケガ人生ダ。友ニサヨナラ告ゲタアト、ロズサミタイ歌ガアル〉。

読み人知らず

〈読み人知らず〉という言葉が、五、六歳の子供のころから好きだった。

この言葉をいったいいつ憶えたのかは定かでないが、まだ小学校へ上がる前だと思う。子供心に、この言葉に何となく神秘と悲劇と浪漫《ロマン》を感じていた記憶があるのだ。それなら〈読み人知らず〉を知ったのは何によってかと考えてみると、『百人一首』だろうと見当がつく。私の家では正月に家族や親戚が集まって〈歌留多取り〉をする習慣があり、私は小さかったから仲間には入れてもらえなかったが、絵札で遊ぶ〈坊主めくり〉ならやったことがある。絵札というのは〈読み札〉のことで、この百枚の中に坊主（僧侶）が十五人いる。〈坊主めくり〉は絵札を裏返しにしてシャッフルし、中央に積み重ねて車座になった数人が、順に一枚ずつ捲《めく》って取り札を集めるゲームだが、〈坊主〉が出ると折角集めた札を返さなければならない。つまりトランプの〈ババ抜き〉のババと同じように、アンラッキー・カードであるわけだ。逆に十二単衣《ひとえ》の女の絵札が手に入ると、中央の山をみんなもらうことができる。

〈女優位《おんな》〉で〈坊主差別〉だと思うが、ルールだから仕方がない。

〈在原業平朝臣《ありわらのなりひらあそん》〉とか〈小野小町〉とか、読み札には作者の名前が書いてある。その中に〈読み人知らず〉というのが何枚あったのだろう。私はてっきりそう思っていた。ところが最近になって『百人一首』を調べてみたら、〈読み人知らず〉は一枚もなく、全て作者は明記してあるではないか。不思議に思って、私はこう考えた。私の記憶は六十年以上も昔のものである。もしや昭和十年代の当時は作者が知れていなくて、その後新しい史料が現れたのではないか。——そこで私は、女流美人歌人の水原紫苑《しおん》さんに電話で訊いてみた。そんなことはないと紫苑さんは言う。藤原定家が撰んだ七百数十年の昔から、『百人一首』の作者百人の素性ははっきりしていて、勅撰集で〈読み人知らず〉という表現が見られるようになったのは『古今集』以後らしい。——〈読み人知らず〉に抱いた私の五歳の夢を探す推理の糸は、ここでプッツリ切れた。

次の記憶は中学の国語の教科書である。これはちゃんと憶えている。『平家物語』の〈忠《ただ》度都落《のりみやこおち》〉の段だった。寿永二年、源氏に都を追われた平家の一門は、雪崩を打って西国へ敗走したが、その中に平清盛の弟の薩摩守《さつまのかみ》忠度がいた。この人は歌をよくする武人だったが、最後に歌の師の藤原俊成の宿所に馬を走らせ、一巻の家集を托して最後の別れを告げた。〈忠度の声とおぼしくて、「前途程遠し、思ひを雁山《がんざん》の夕《ゆうべ》の雲に馳《は》す」と高らかに口ずさみ給へば、俊成卿いと名残《なごり》おしうおぼえて、涙をおさへてぞ入《いり》給ふ〉――去りぎわに忠度は自分の家集を俊成に托したのである。その中の一首が有名な〈さざなみや志賀の都はあれにしを／昔ながらの山ざくらかな〉であった。

『平家物語』には、こうある。――〈其後《そののち》世しづまつて、千載集《せんざいしゅう》を撰ぜられけるに、忠度の有《あり》しあり様《よう》、いひをきし言《こと》の葉《は》、今更おもひ出《いで》て哀也《あわれなり》ければ、彼《か》の巻物のうちにさりぬべき歌いくらもありけれども、勅勘《ちょくかん》の人なれば、名字をばあらはされず、故郷花《こきょうのはな》といふ題にてよまれたりける歌一首ぞ、読人しらずと入られける〉――〈勅勘の人〉とは、朝廷に弓を引いた謀反人のことで、俊成は後に『千載集』を編んだ際、周囲の反対を慮《おもんぱか》って〈読み人しらず〉としてこの歌を入れたのだった。〈さざなみや〉は〈志賀〉〈滋賀〉に掛かる枕詞《まくらことば》である。『千載集』には〈いかにせむ御《み》垣《かき》が原に摘む芹の／ねにのみ泣けど知る人もなき〉という、平経盛《つねもり》の一首も〈読み人知らず〉として撰ばれている。――私が中学生のころは〈無銭乗車〉のことを〈薩摩守〉と言っていた。〈忠度〉を〈只乗り〉に掛けたギャグだったのだろう。

知っている人はどこかにいるのだろうが、誰が作ったのか解らないというのも、私にとっては〈読み人知らず〉の歌である。私にはそうした歌が以前から幾つかあって、〈旅にして仏《ほとけ》つくりが花売に／こひこがれしといふ物語〉もその一つだった。やはり中学のころの国語のノートの隅に、当時の私の稚拙な字で走り書きしてあった。どこがどうという歌ではないが、十五歳の私はふと心惹かれたのだろう。――剃髪した若い僧の俯《うつむ》いた視界の中を、大原女《め》のように頭に花籠を載せた娘の、紅い脚絆《きやはん》の足が今日も過《よぎ》っていく。――長らく忘れていたこの歌を、突然思い出したのは、向田邦子さんが奇禍で亡くなって、台湾の事故現場におい線香を上げにいったときのことである。〈火焔山《かえんざん》〉という、恐ろしい名の山の麓だった。土産物の仏像の産地だという。小さな村落に並んで建てられた粗末な小屋で、茶や赤や黄色の僧衣を着た人たちが、黙って木像を彫っていた。湿った鑿《のみ》の音が物哀しかった。

いずれ誰かの歌集から引き写したのだろうが、作者名をメモしてない。ずっと気になっていたが、探しようもないまま私は還暦を迎えた。それでも気になって、あるエッセイの中に〈尋ね歌〉というタイトルでこの歌のことを書いた。一月《ひとつき》ほどして、ある出版社の編集をしている女の人から手紙がきた。正岡子規ではないかと書いてあった。岩波文庫の『子規歌集』に明治三十二年の作として、ちゃんと出ていた。半世紀の謎がやっと解けた。

そのときいっしょに〈吹雪道頬かむりせし大男《おほとこ》に／添ひて走りしつつまし人よ〉という歌も、どなたか出典をご存じないかと書いたが、この方は今だに解らずじまいである。どうも私は、このテの歌に弱いところがある。吹雪の中を、大男と小柄な女の後ろ姿が遠ざかっていくというだけの情景なのだが、忘れられないのだ。結婚式で寄せ書きを頼まれると、私はいつもこの歌を書く。吉井勇あたりではないかと当たってみたが、どうも違うようだ。――

〈尋ね歌〉は他にもある。これも自分の字でメモしてあって、作者の名がない。〈原町《はらまち》のめしひ二人が杖とめて／秋の夕《ゆうべ》をなに語るらむ〉――この歌の作者は、原町で見かけた〈盲ひが男だとも女だとも言っていないが、私の目の裏には、夕焼けた空に向って寄り添っている男女二人の盲人の姿が浮かぶのである。たぶん明治から大正にかけての風景だろう。
もうこの歳になって、作者が知れたところで、何ほどのことでもないかもしれない。忘れ難い歌と、自分で勝手にイメージする風景があれば、それでいい。それが〈読み人知らず〉の浪漫である。――暑い日がつづく。日盛りの道を歩いていて、ふと夏木立の蔭に入ったりすると、おのずから足が止まって、何処かへ何か忘れ物をしてきた気持ちになることがある。忘れ物を取りに戻るには、遠くへ来過ぎてしまった。それだけではなく、これから先は知っていることまで、〈読み人知らず〉にどんどんなっていく。そして何もかもが曖昧模糊になったとき、最後に残るのは、いったい何なのだろう。

〈作者不詳〉と言えば、この連載のタイトルに借りた〈遊びをせんとや生れけむ〉の由来も、『梁塵秘抄《りようじんひしよう》』という平安後期の京の町の人たちに歌われていた、〈今様《いまよう》集〉からきている。

遊びをせんとや生れけむ
戯れせんとや生れけん
遊ぶ子供の声きけば
我が身さへこそ動《ゆる》がるれ

人の口から口へ歌い継がれて広まった、市井の流行り唄を拾い集めたものだから、みんな作者不詳、つまり〈読み人知らず〉である。こんなのもある——

仏は常にゐませども
現《うつつ》ならぬぞあはれなる
人の音せぬ暁に
ほのかに夢に見え給ふ

こうした巷《ちまた》の口伝《くでん》歌謡を集めて編したのは、時の後白河法皇だった。いまで言うなら、天皇陛下が粋な〈小唄〉や〈都々逸〉の傑作選を作るようなものだから、これはなかなかいい話である。古来、帝《みかど》は文化と深く関わっていた。けれど『梁塵秘抄』は、長らく存在の記録だけあって、実物がごく一部しかなかった。それが見つかったのは、さほど昔ではなく、僅か百年足らず前の、明治四十四年秋のことだった。右に挙げた二つの〈今様〉もそのときの発見である。大正のころ、北原白秋や佐藤春夫や芥川龍之介が、申し合わせたように七五調の四行詩を書いているのは、間違いなくこの影響だろうと思われる。

芥川の〈相聞《そうもん》〉と題された短詩には、〈また立ちかへる水無月の／嘆きを誰に語るべき／沙羅《さら》のみづ枝《え》に花さけば／かなしき人の目ぞ見ゆる〉といった相聞歌（恋歌）とか、〈微風《びふう》は散らせ柚《ゆ》の花を／金魚は泳げ水の上《え》を／汝《な》は弄《もてあそ》べ画団扇《えうちわ》を／虎疫《ころり》は殺せ汝《な》が夫《つま》を〉（虎疫はコレラのこと）という戯《ざ》れ唄めいたものもあるし、佐藤春夫なら有名な〈野ゆき山ゆき海辺ゆき／真ひるの丘べ花を藉《し》き／つぶら瞳の君ゆゑに／うれひは青し空よりも〉（『少年の日』）や〈こぼれ松葉をかきあつめ／をとめのごとき君なりき／こぼれ松葉に火を放ち／わらべのごときわれなりき〉（『海辺の恋』）などもある。他には三好達治に、〈かへる日もなきいにしへを／こはつゆ艸《くさ》の花のいろ／はるかなるものみな青し／海の青はた空の青〉のような〈七・五〉四行の抒情詩が数多くあるのが知られている。私は〈感傷過敏症〉だから、中学で同級の女の子に教わった三好達治を、いまも忘れられないでいる。

『梁塵秘抄』の実作者はさまざまだったという。もちろん名前は一人も残されていないが、豊かな人もいれば貧しい人もいた。都に住む人もいたし、田舎で土に塗《まみ》れて働く人もいた。

職業も『百人一首』などと違って、武士、商人、坊主に始まって、遊び人から博奕打ち、果ては色里《いろざと》で春を鬻《ひさ》ぐ女までいたというから面白い。例の〈遊びをせんとや〉の歌を〈私は毎夜こうして知らない男たちと遊び戯れるために、この世に生れてきたのだろうか。露地で遊ぶ子供の声を聴いていると、何も知らなかった幼いころが思い出されて、悔いと恥ずかしさで体が震える〉——と解する人もいる。後白河法皇もさばけたお方である。人の胸に響くものなら、遊女の歌まで載せる心の広さが粋ではないか。こういうのを〈温かい文化〉というのだろう。

大きな声で歌えない歌、世を憚《はばか》る歌というのも、〈読み人知らず〉のことが多い。知っている人は知っているし、夜の赤提灯でこっそり歌われてもいるのだが、テレビやラジオではやらないから、堅気の人はまあ知らない。大方がいわゆる〈放送禁止歌〉なのだ。だがこうした歌の中に、何とも痺《しび》れる歌がよくある。《あまりしたいので墓場でしたら／仏ばかりで神（紙）がない》や、《一つとや、一人娘とやるときにゃ／親の許しを得にゃならぬ》といった〈春歌〉〈猥歌《わいか》〉がまずはそうだが、俗に〈監獄ソング〉と呼ばれる犯罪者の心情を歌ったものの文句（歌詞）には、そこらの作詞家にはとても書けない名文句がある。刑務所の中で、メタンガスみたいに自然発生した、泡みたいな歌なのだ。たとえば大川栄策という渋い歌い手に、『孤独の唄』というCDのアルバムがあるが、ここに集められた歌のほとんどは〈放送禁止歌〉である。タイトルを見ただけでも、「府中エレジー」「八九三《やくざ》無情」「なげやり小唄」という風に、鉄格子の影がちらつく。死刑囚を歌った作者不詳の「哀しき子守唄」はこうである。（一番省略）

学校へゆくと　先生が
親のない者　手をあげろ
四十九人の　その中で
坊や一人が　手をあげた

学校がえりの　友達に
親のない者　馬鹿にされ
いいえおります　天国に
小石並べて　ねています

まさか親のない者手を挙げろという先生はいないだろうが、孤児《みなしご》になる坊やを一人残していく男には、そんな風景が見えるのだろう。《いいえおります　天国に／小石並べて　ねています》が、プロの作詞家には逆立ちしても書けないフレーズなのだ。

〈監獄ソング〉には、なぜか子守唄が多い。〈栃木女子刑務所〉というところで歌われている「栃木子守唄」は、娑婆に乳飲み子を置いて服役している女囚の唄である。

桜の消印　里から便り
母を探して　泣くとやら
坊やおとなに　寝ておくれ
ねんね　ねんころ　ねんころり
一人で唄う　子守唄
ここは　関東　旭町《あさひちょう》

〈栃木女子刑務所〉は、栃木市旭町にあった。

作者不詳ではなかったが、亡くなった松尾和子の「再会」もテレビでは歌えなかった。《みんなは悪い　人だというが／私にゃいつも　良い人だった／ちっちゃな青空　監獄の壁を／ああ　ああ見つめつつ　泣いてるあなた》の〈監獄の壁〉が放送コードに抵触したのだ。名曲である。いまも有線放送で人気が高い。

　不良少年なら誰でも知っていたのが「練鑑《ねりかん》ブルース」だ。まだ一人前の犯罪者ではないが、建物の窓には鉄格子が嵌《は》められ、〈少年の家〉を囲う塀は高かった。いまは〈東京少年鑑別所〉だが、以前は〈練馬少年鑑別所〉――略して〈ネリカン〉と呼ばれていた。

《身から出ました錆ゆえに／厭なポリ公にパクられて／手錠かけられ意見され／着いたところは鑑別所》《父さん母さん許してね／これからまじめになりますと／誓った言葉も上《うわ》の空／またも踏み入る馬鹿の道》――誰が呟いたか怒鳴ったか知らないが、これも〈読み人知らず〉で、替え唄が何十通りもある。メロディーは戦時中の軍隊生活を嘆いた「可愛いスーチャン」――《お国のためとは　言いながら／人の嫌がる　軍隊に／志願で出てくる　バカもいる／可愛いスーチャンと　泣き別れ》と同じだった。

〈監獄ソング〉には「拘禁のブルース」というのもあったような気がする。初めから終わりまで、男が呻《うめ》いているような、やりきれない歌だったと記憶している。拘禁は反抗を呼び、果敢無《はかな》い反抗は絶望に至り、やがて絶望から〈歌〉が生れる。歌というものは妙なものだ。世の中にある歌の半分以上は、不幸から生れたと言う人もいる。

　一九六〇年代から七〇年代にかけて、私は東映の〈任俠映画〉ばかり観ていた。高倉健さん主演の任俠テレビドラマを撮ることが、そのころの私の〈必死の夢〉だった。企画も通っていないのに、亡くなった笠原和夫さんや大野靖子さんに頼んで、脚本を拵《こしら》えたこともある。斬新な意図など何もなかった。イミテーションでもよかった。義理と人情の狭間《はざま》でのたうつ、三白眼の健さんを、とにかく撮りたかったのである。だから池袋の〈人生坐〉や、新宿の〈昭和館〉へ毎日のように通って、『日本侠客伝』や『昭和残侠伝』をはじめ、『博奕打ち』『兄弟仁義』『緋牡丹博徒』などのシリーズを、いったい何百本観たかしれない。中でも健さんの『昭和残侠伝・唐獅子牡丹』のシリーズは、封切りのときに何度も観たというのに、〈人生坐〉のオールナイトの〈大会〉にも通いつめた。映画館で夜を明かして、翌朝デモに出かけるヘルメットの学生たちで、小屋はいっぱいだった。通路にはゲバ棒がゴロゴロ転がっている。金子信雄扮する悪玉の親分がスクリーンに登場すると、場内から一斉に「ナンセンス！」と声が掛かった。

深夜十時半から朝の五時まで、ぶっ通しの〈唐獅子牡丹大会〉だった。相合傘の健さんと池部良さんが殴り込みにいき、池部さんの〈風間重吉〉が、健さんの〈花田秀次郎〉の胸の中で絶命して一巻が終わり、休憩なしで次の物語がはじまると、ものの五分もしないうちに、二尺五寸の暖簾《のれん》を分けて、また鯔背《いなせ》な風間が現れる。さすがにみんな笑ったが、拍手も凄かった。健さんと池部さんの二人は、この上なく色っぽい、名コンビだった。日本映画史の中で最も美学的な配役だった。風に誘われて花が咲き、散る花びらに寄り添うように風が吹く。

――もう、三十五年前の話である。

この映画の呼び物は、死ぬとわかっていて殴り込みに出かける、秀次郎と風間の姿を追いかけるように流れる、主題歌「唐獅子牡丹」だった。封印したドスを包んだ唐草模様の風呂敷を、パッと夜空に投げ捨てると、重々しいイントロが鳴り響き、粉雪が舞う中を二人はゆっくりと歩み去る。殴り込みというよりは、艶《あで》やかな〈道行《みちゆき》〉だった。

義理と人情を　秤《はかり》にかけりゃ
義理が重たい　男の世界
幼なじみの　観音様にゃ
俺の心は　お見通し
背中《せな》で吠えてる　唐獅子牡丹

健さんは〈ラ行〉の言葉を巻き舌で歌う。それがエンコ（浅草）生れの、三白眼のヤクザ者によく似合った。大方が地方出身のゲバ棒の学生たちも、健さんの歌に合わせて、みんな巻き舌で歌った。誰も彼も、明くる日の〈闘争〉の予感に鳥肌立っていただけに、哀しい大合唱だった。――あの学生たちが、そろそろ定年を迎えようとしているのだから、歳月は切ない。
「唐獅子牡丹」にも幾通りもの歌詞のヴァリエーションがある。ヤクザ礼賛になるというので、放送できないものばかりだった。映画の中でしか健さんは歌わない。だから私は映画館の暗闇の中でノートに写しとった。いまでもそのノートは、私の手元にある。――文字が震えている。

白を黒だと　言わせることも
所詮たたみじゃ　死ねないことも
百も承知の　やくざな稼業
何でいまさら　悔いはない
ろくでなしよと　夜風が笑う

親にもらった　大事な肌を
入墨《すみ》で汚して　白刃の下で
つもり重ねた　不幸の数を
何と詫びよか　おふくろに

背中《せな》で泣いてる　唐獅子牡丹

流れ流れの　旅寝の空で
義理にからんだ　白刃の喧嘩《でいり》
馬鹿な奴だと　笑ってみても
胸に刻んだ　面影が
忘れられよか　唐獅子牡丹

昭和四十一年に発売された健さんの「唐獅子牡丹」は詞・水城《みずき》一狼《いちろう》・矢野亮、曲・水城一狼となっている。だから〈読み人知らず〉ではないのだが、替え歌が幾つもあり、放送もされないせいか、私には何となく作者不詳の印象がある。作詞作曲の水城一狼という人は、東映の大部屋俳優で、しょっちゅう健さんに斬られる悪玉をやっていたが、小柄で顔が怖くて、ドスの利いた歌が上手かった。「唐獅子牡丹」が売れたので、ご褒美に自分で歌った「任侠観音菩薩」というレコードを出したが、全然売れなかった。

いまでも私は〈ヤクザ映画〉を撮らせてやると声が掛かったら、何もかも放り出して駆けつけるだろう。あのころの東映任侠映画を一手に引き受けて作っていたのは、俊藤浩滋という名プロデューサーだった。その俊藤さんが、一度私に言ったことがある。「そのうち健坊で任俠物をやろう」――真っ赤なポルシェを飛ばしながら、隣りの席の私に約束したのに、俊藤さんはそれを忘れて、先年亡くなってしまった。

〈読み人知らず〉の歌には、どうして人の心を騒がせるものがあるのだろう。正体が知れないということは、なぜ人を惹きつけ、迷わせ、忘れ難く思わせるのだろう。まるでノヴァーリスの〈青い花〉のようだ。十九世紀初頭のドイツ浪漫派の昔から、暗い森の木陰に咲くという〈青い花〉は、男の俯いて見る夢なのである。――この気持ちばかりは、女には解らない。

銀座

1　帽子に寄する憧憬

帽子を五つばかり持っている。アポロ・キャップや毛糸の正ちゃん帽の類いではなく、中折れ帽子、あるいは俗に〈ソフト〉と呼ばれる紳士用の帽子のことである。白秋が〈青いソフトに降る雪は／過ぎしその手かささやきか〉と歌ったソフト帽なのだが、いまではめったに街で見かけない。白秋のころは勤め人も遊び人も、みんなソフトをかぶっていたものだ。私の書斎の本箱の上に、丸い帽子の箱が積み重ねてあるのは、もちろん飾り物ではなく、実用のためである。自分で買った〈ボルサリーノ〉もあるし、なかにし礼さんにもらった黒とグレイの物もある。それなのに私は、まだ一度もこれらの帽子をかぶって街へ出かけたことがない。今日こそはと思って、床屋へいきスーツに着替え、最後に鏡の前に立って頭にソフトを載せてみると、途端に力が萎えてしまうのだ。

鏡の中に、顔色の冴えない初老の男がいる。衿元から覗く白髪はいいのだが、眼鏡の中の目が落ち着きなく泳いでいる。廂《ひさし》を跳ね上げてみても、逆に目深に下ろしてみても、あるいは自棄《やけ》になって阿弥陀にかぶっても、私の〈ボルサリーノ〉は私の痩せた小さな顔に馴染んでくれない。もっと余裕のある、堂々とした顔でなくては帽子は似合わないのだろうか。顔だけでなく全体の恰幅とかいうものが必要なのだろうか。――私は玄関の鏡の前で、何度挫折したかしれない。実を言うと、私は帽子をかぶって、薄曇りの午後の銀座へいきたいのだ。東京でソフトの似合う街は、いまでは銀座しかない。光の眩しい朝でもなく、やわらかな灯影《ほかげ》が霞む宵の口でもなく、灰色のソフトの男が、銀座の風景に滲むように落ち着いて見えるのは、ある曇り空の午後なのだ。昔からそうだった。銀座はそんな街だった。

戦前は、一丁目から八丁目まで歩くと、少なくとも五、六軒の〈帽子専門店〉があったものだ。ソフトは一年中棚にずらりと飾られ、夏はパナマ帽やカンカン帽が涼し気に店先に揺れていた。姉に連れられて入った婦人帽専門の店なんか、お花畑のようだったのを憶えている。銀座だけではない。省線の駅の界隈の商店街には、かならず帽子屋が一軒はあった。私はそのころ、父の転任で小学校を五回も転校したが、どの町のどのクラスにも、帽子屋の息子がいたものだ。――父がソフトを求めたのは、確か銀座八丁目にあった〈大徳〉だったと思う。他には一丁目の〈トラヤ帽子店〉が有名だった。阿佐ケ谷にあった私の家の洋箪笥の上には、この二軒のネーム入りの帽子の箱が、崩れそうになるくらい積んであった。——私は六、七歳だったはずなのに、どうしてそんなことまで憶えているのだろう。子供のころから、銀座と帽子が好きだったのかもしれない。

その帽子屋が銀座から次々と消えて、いまでは〈トラヤ〉だけになってしまった。ソフトなどかぶろうと思う男たちが絶滅したのだろう。テレビの〈名画劇場〉などで一九三〇年代のハリウッド映画を見ていると、紳士もギャングも、みなソフトを粋にかぶり、みんな煙草を咥えている。ハンフリー・ボガートやジョージ・ラフトは、ソフトと煙草のために生れてきた役者だった。——いなくなってしまった彼らのためにも、私は灰色の午後の銀座を、中折れ帽を傾《かし》げて歩きたいのだ。

2　銀座をめぐる二つの唄

〈銀座〉とか〈東京〉とかいう歌を探せばキリがない。〈東京〉というタイトルでも、銀座が出てこないことはない。戦前から戦後十数年までに歌われた銀座の歌は、どれも懐かしいが、私には忘れられない歌が二つある。先ず思い出すのは「ジョリー・シャポー」というシャンソンである。歌の内容は〈銀座〉にまるで関係がない。終戦後のある時期、東銀座の六丁目辺りにあった、〈銀巴里〉というシャンソン喫茶で歌われていたから、私にとっては銀座の歌なのだ。〈歌〉というよりは〈唄〉といった方がいいかもしれない。それくらい小さくて可憐で、軽やかな唄だった。

昭和二十九年の三月、ちょうど桜が散ったころに、私は北陸の市から東京へ出てきた。十八歳だった。私は杉並に生まれて杉並に育った子だったが、空襲が激しくなった昭和十九年に父母の郷里の北陸に疎開し、それきり戦争が終わっても東京へ帰りそびれていたが、大学受験に失敗したのをきっかけに、東京へ戻ってきたのだった。つまり私は、ニコライ堂の近くにあった予備校に表向きだけ通う、やる気のない〈大学浪人〉だった。お茶の水界隈には〈シャンソン喫茶〉というのがたくさんあった。イヴェット・ジローの名からとった〈ジロー〉とか、インチキ実存主義者たちに人気のあったジュリエット・グレコの〈グレコ〉とか――〈らんぶる〉や〈琥珀〉といった名曲喫茶と同じくらい、シャンソン喫茶はそこら中にあった。学生たちでいっぱいだった。けれど、もっと大人っぽい店が銀座にあると聞いて、私はすぐに鞍替えした。お茶の水ではレコードでシャンソンを聴かせたが、銀座は生のバンドの伴奏でプロの歌手が歌っていた。私はそこに棲みついた。それが〈銀巴里〉だった。

プロといっても、芦野宏や高英男《こう》のような有名な歌手はめったに出なかったが、仲代達矢の弟の仲代圭吾とか、丸山臣吾という少年たちが、直径二メートル半ほどの丸盆の上で、紫やピンクの光線に染まって妖しく歌っていた。この丸山臣吾というのが凄かった。私は今日までの人生の日々で、これほど美しい少年を見たことがない。とっさに私は、横溝正史の『真珠郎』という怪奇小説に現れる美少年を想った。氷のように酷薄で、指先がナイフみたいに鋭利で怖ろしく、薄い唇の端から血を滴らせてニタリと笑う。昭和のはじめ、『新青年』に連載されたときに挿絵を描いたのは、若き日の岩田専太郎だったが、丸山臣吾はその絵から抜け出てきたようだった。長崎の遊郭に育って、年齢は私と同じ十八だという。「ジョリー・シャポー」は、「メケ・メケ」や「毛皮のマリー」と並んで彼の持ち歌だった。妖しい流し目をあちこちに送り、長い繊細な指を蠢《うごめ》かせ、魔少年のように私たちを挑発しながら、彼は気味の悪い低音で囁いた。〈ジョリー・シャポー〉――楽しい帽子――どうも私は、帽子と縁が深いようだ。

〈銀巴里〉の丸山臣吾は、後に名を変えて〈丸山明宏〉になり、さらに後年〈美輪明宏〉になる。天草四郎の生まれ変わりだというこの人は、ときどき妙なことをおっしゃる。十年ほど前のことだった。「ゆうべ夜中にベッドにいたら、電話も何もなしに三島さんがやってきて、えらい迷惑だったわ。こっちは明日の朝早いから焦ってるのに、三島さん、夜が明けるまで帰らないのよ」「あの、三島さんてどなたですか?」「決まってるじゃない。三島由紀夫さんよ」――〈真珠郎〉は今日もパープルの〈ロールスロイス〉で、銀座通りを流しているだろうか。
いま一つの歌は「銀座カンカン娘」である。あれが流行ったのは昭和二十四年の春だった。私は中学二年だった。高峰秀子、灰田勝彦、岸井明などが出ている新東宝映画の主題歌で、歌ったのはむろん、デコちゃんこと高峰秀子だった。この年は〈大歌謡曲時代〉の盛りのころだったが、「別れのタンゴ」や「月よりの使者」、「長崎の鐘」「かりそめの恋」、それにひばりの「悲しき口笛」といった寂しい歌が多かった中で、「銀座カンカン娘」は思い切り弾けて明るい歌だった。私は北国の曇り空の下で、長いこと見ていない銀座の風景を思い浮かべていた。

あの娘可愛や　カンカン娘
赤いブラウス　サンダルはいて
誰を待つやら　銀座の街角
時計ながめて　そわそわにやにや
これが銀座の　カンカン娘

いま考えると他愛のない歌である。だいたい〈カンカン娘〉とは何のことだろう。それでも、そのころの私には、花籠から飛び出した花のような歌だった。《ままよ銀座は私のジャングル》《一つグラスにストローが二本》——どの部分を歌っても心が躍り、歌い終わると涙が出た。まだ町に焼け跡の匂いが残っていた時代の中で、「銀座カンカン娘」はそんな不思議な歌だった。——一年ほど前、川上弘美さんの『センセイの鞄』をドラマにしたとき、劇中のカラオケ喫茶のシーンで「銀座カンカン娘」を小泉今日子が歌った。かねてから私は、キョンキョンこそこの歌のリメイクに相応しいと思っていたので、このシーンの撮影は変に緊張した。期待通りの楽しい歌だった。聴いていたその場の人たちは、みんな明るい笑顔だったが、私一人、カーテンの蔭で涙ぐんでいた。

3　奇蹟の街の片隅に

私は銀座を奇蹟の街だと思っている。ずっと銀座に暮らしてきたわけではないから、私の記憶の中の銀座は、どの建物もどんな店も、あるいはどの風景も、それは〈visitor〉のアングルから見た銀座である。〈passenger〉としての銀座といってもいい。私は昭和十年代から今日まで、ずっと銀座に夢を見てきたし、胸弾ませて数寄屋橋沿いの舗道を急ぎ、先ずは昔の〈服部時計店〉の大時計を見上げてから、四丁目から西銀座側を八丁目へ向ってそぞろ歩く。そう言えば戦前の父は、いまの四丁目の角のことを〈尾張町〉の交差点と呼んでいた。――そこで奇蹟の話だが、奇妙なことを言うようだが、私には銀座の街がこの半世紀余りの間に、変わったとは思えないのだ。確かに帽子屋は姿を消し、四丁目のビアホール〈ライオン〉はなくなった。〈森永〉の地球の形をした広告塔だって、あんなに青く輝いていたのに、いつの間にか、幻のUFOみたいに夜空へ蒸発してしまった。そのころは〈銀座〉その物だったはずの数々の風景が、あれもこれも歳月と共に変わったのに、銀座の〈貌《かお》〉はちっとも変わっていないのだ。そこに新しい物が現れても、それもまた、そっくりそのまま銀座の〈貌〉の一部なのだ。目であったり、眉毛であったり、頰の線や泣き黒子《ぼくろ》であったりしても、どれもみんな出現したときから既に、〈銀座〉の風景になっている。こんな不思議な街は他にない。

私もそうなのだが、だからたくさんの人たちが、銀座に魅かれてやってくるのだろう。ちょっと大げさに言えば、〈貌〉というのを〈魂〉と置き換えてもいいかもしれない。〈魂〉なら〈霊〉みたいなものだ。銀座には美しい〈霊〉が宿っているのだろうか。どんな異端の建物が現れても、どのような異界の住人が移り住んできても、銀座はその大きな翼を広げて、それらを取り込んでしまうのだ。渋谷にも新宿にも、池袋にも六本木にも、そんな〈霊〉や〈魂〉は棲んではいない。この街は理不尽で巨きな物に守られているとしか思えない。だから私は〈奇蹟の街〉と言うのだ。

この街を訪う人たちは幸福だ。毎日、黄昏どきになると、資生堂パーラーの十階に現れる、品のいい老女がいる。一人でやってきて、一人でマンダリンの紅茶を時間をかけて飲み、灯《ひ》ともしごろの銀座通りを眺めて、一人で帰る。きてから帰るまでニコリともしないが、背を丸めてエレベーターに乗り込む後ろ姿が、私にはとても幸福そうに見える。――〈銀巴里〉に通っていたころ、〈菊水〉という煙草専門店で働いていた女の子と、いっ時仲良くなったことがある。三島の在の出で、ユウコという胸の薄い子だった。〈菊水〉には外国の煙草や、高そうな葉巻や、海泡石のパイプなどが、ピカピカ光るウィンドウに飾ってあった。昭和三十年ごろの銀座だった。私は二度目の大学受験にもしくじり、長い春を持て余していた。無頼を気取って、昼間から銀座の辺りでウロウロしていた。新橋のガード下にあった名画座で、『暗黒街の顔役』などという古い映画を見たり、銀座の裏通りにたくさんあった画廊を覗いて歩いたりして時間を潰し、〈菊水〉が店を閉めるのを待ってユウコと〈スイス〉という汚れたレストランへいくのが、お定まりのコースだった。〈スイス〉も、その後の愛宕の旅館代も、ほとんどユウコが払った。

ユウコは子供のころから銀座に憧れていて、銀座で働くのが夢だった。だからユウコは幸福そうだった。思い切って東京へ出てきてよかった――ユウコは私の指を一本ずつ弄《もてあそ》びながら、夜中の布団の中で、朝の雀みたいに高声で言った。やがて子供ができた。不良のふりをして、私は逃げた。しばらくは〈銀巴里〉へも顔を出さなかった。ユウコには私の探しようがなかった。——五十年経ったいまでも、たまたま〈菊水〉の前を通りかかるとき、私は顔を伏せて早足になる。

4　ムゥちゃんとその時代

可笑しなもので、いまの身分や、これから先の日々が曖昧なときには、馴染むことができた銀座が、昭和三十五年に放送会社に勤めはじめたころから、次第に間遠な街になっていった。一端《いっぱし》の不良気取りなら走り回れた裏通りが、私によそよそしい顔を見せるようになったのだ。と言って、表通りのライセンスを貰うほど、豊かになったわけでもないし、風体だって学生のころとさほど違ってもいなかった。つまり銀座で過ごす時間の居心地が悪く、気持ちが半端なので、私は戸惑った挙げ句この街と疎遠になっていった。

だいたい飲む所がなくなった。ガード下の赤提灯は、元々私には似合わなかったし、さりとて赤い灯青い灯のバーのドアを押すには、気後れするものがあった。二十年代によくあった体によくないアルコールや、闇のウィスキーを飲ませる、焼けたビルの地下の店などはとっくになくなっていた。文学少年崩れの私たちは、いわゆる文士たちが夜な夜な現れるバーの名前と所在だけはよく知っていたが、とても出入りしようという気持ちにはなれなかった。太宰の〈ルパン〉も、店を間違えたふりをして覗いただけだったし、小林秀雄や大岡昇平たちがよく通う〈ブーケ〉にしたって、いったいどれくらいの値段なのか、見当もつかない。文士たちにしなだれかかる女たちにしたって、みんなお客のチップだけで暮らしているというのだから、私たちの出る幕ではなさそうだ。——だからと言って、私の仲間たちが集まる新宿や渋谷へはいきたくないのだから、始末が悪かった。私はやっぱり〈銀座〉に拘《こだわ》っていた。

そのころの銀座のバーをよく知っている大村彦次郎氏によると、戦前の花柳界に絨毯を敷いたのが、〈銀座〉だったらしい。花柳界の煩雑な段取りや、面倒な〈しきたり〉が要らないだけ気楽ではあったが、実はその構造も裏の仕掛けも、同じだったというのだ。女の側から言うと、固定給というものがなく、客のチップが収入のすべてだったから、それだけで食べていける女は、そんなにはいなかった。となれば客と寝ることもあったし、客もまたそれを期待した。井上友一郎や丹羽文雄の〈エスポアール〉も〈ラ・モール〉も、高見順が死ぬまで常連だった〈らどんな〉も——みんなそうした店だった。それなのに、裏へ回れば売春窟擬《まが》いの〈銀座〉にも、あのころは〈いい女〉がいたと懐かしむ人が多いから不思議だ。千人の男と寝ていても、気性がよくて可愛くて——などという〈女の伝説〉が通用したのは、昭和三十年代ごろが最後だったようだ。

〈坂本睦子〉という銀座の女がいた。横顔がダニエル・ダリューに似ていて、小柄で、着物がよく似合う女だった。誰もが〈ムゥちゃん〉と慕って、いつも男の群れの中で笑っていた。昭和三十三年の葉桜のころ、多量の睡眠薬を服《の》んで四十四歳で死んだ。十六のとき、銀座二丁目の〈ウィンゾア〉に出てから三十年近く、銀座を出ることがなかった。ムゥちゃんが死んだ直後に、白洲正子が『文藝春秋』に〈銀座に生き銀座に死す——昭和文学史の裏面に生きた女〉という坂本睦子への追悼文を書いているが、これによると、ムゥちゃんが生涯に寝た〈文芸〉の男たちの顔ぶれは、驚くほどだった。——最初の男と言われる直木三十五にはじまって、小林秀雄、河上徹太郎、坂口安吾、菊池寛、大岡昇平と聞けば誰だってびっくりする。その上、昭和のはじめには、中原中也にまで迫られていたという。どの男もムゥちゃんにのめり込み、ムゥちゃんに溺れた。彼らの〈文芸〉は、とりも直さずムゥちゃんとの血みどろな決闘であり、失ったムゥちゃんへのオマージュであり、ムゥちゃんの時代との訣別の書だと言えるかもしれない。中でも大岡昇平の『花影《かえい》』は、ムゥちゃんへの美しい愛惜の名品だった。

私は、もしかしたら夜更けの銀座で、ムゥちゃんとすれ違っていたかもしれない。ほんの

三、四年ではあったが、同じ銀座という屋根の下で、私とムゥちゃんは同じ空気を吸っていたことになる。そんなことを考えるくらい、〈誰とでも寝るムゥちゃん〉の伝説は、私に訴えるものがあるのだ。ごく親しい間柄でありながら、一度もムゥちゃんと寝なかった青山二郎を、逆に嫉ましくさえ思う。そしてムゥちゃんの死によって、戦前からの懐かしい〈文壇〉が消え去ったことを、私は切実に知るのだ。

もちろん私は、ムゥちゃんに逢ったこともなければ、その声を聞いたこともない。けれど私は、いまでも薄紫の和服姿の小柄な女が、銀座のビルの階段をよろめきながら降りてくると、ムゥちゃんかと思って、ふと立ち止まることがある。銀座通りでタクシーを呼び止める、笛のような女の声を聞くと、胸が騒ぐ。この銀座の舗道の下には、いまもムゥちゃんの魂や、〈文芸〉の男たちの熱くひたむきな精神が、悶えながら生きているように思われてならないのだ。この街は〈文芸〉が正しく〈文芸〉であった時代の、〈聖地〉なのだ。

5　恋情は世紀を越え

私は女連れで銀座へいくことがない。いまの私にとって、いまの銀座がいったい何なのか――その辺りはいたって曖昧なのだが、用があってもなくても、私が銀座の街を歩くとき、私はいつだって独りである。それはきっと、つまらない感傷に過ぎないのだろうが、私の中には〈聖地〉の土を踏む巡礼の、律儀な思いがあるからだ。女が好きだから、その女にだけは、俯いて銀座を歩く自分の顔を見られたくないのかもしれない。きっと私は、素直で正直な顔をしている。ということは、年老いて無残な顔だったり、気弱く生気のない表情だったり――あるいは年齢に似合わず、物欲しげで恥ずかしい顔かもしれない。いずれにしても、女にかぎらず誰にも見せたくない私の顔――つまりそれは、私と〈銀座〉という街との秘かな関り合いなのだ。

同じ意味で、私は取材の写真などを、決して銀座では撮らない。いちばん大切な女とはいっしょに写りたくないということだ。ムッちゃんが、かつて〈文芸〉の男たちの〈ファム・ファタール〉だったように、〈銀座〉は私の〈宿命の女〉である。――思えば半世紀の恋だった。〈泰明小学校〉の裏の空きビルで、女の子の唇と戯れていると、月島の方から焦土の匂いが風に乗って流れてきた。〈銀巴里〉を出た銀座通りで、新橋駅へ走っていく女を見送っていると、丸山臣吾の「毛皮のマリー」が途切れ途切れに聞こえてきた。あのころは、私も〈銀座〉も若かった。わずかな希みや、混沌や、女たちへの思いや、苛酷さや、堕ちていく快感や――そんなものたちを見境もなく身に纏って、たぶん私は〈銀座〉と手を繋いで胸を弾ませていた。

明日あたり、久しぶりの銀座へいってみようか。私の〈ファム・ファタール〉は、黄昏の光の中で、目の下に暗い翳りを滲ませて私を待ってくれているだろう。

里わの〈わ〉

1

もう十年ほど前の話だが、北陸のある市で中学の同窓会が開かれて、久しぶりに出席したことがある。戦時中に父母の郷里であるその市に疎開した私は、小学校の五年から高校卒業までそこで暮らしたから、友だちも思い出も多い。特に、私たちの通っていた中学は大学の教育学部の附属中学で、四十人のクラスが二つしかなかったから、ときにクラス替えがあっても一つクラスのようなもので、半世紀近く経ったいまでも、名簿を見ればそのころの一人一人の顔を思い出せるくらいである。その日集まった二十人は、どの顔も卒業写真のユーモラスな相似形だった。丸い目だけがそのままで、艶《つや》やかだった頬がゆるんでしまった女の子が昔のままの甲高い声で笑ったり、鼻の高い貴族的な横顔で女の子たちに人気のあった奴が、ほとんど禿になっていたり、歳月は、自分のことさえ棚に上げれば、その夜の同窓会を何とも楽しい会にしてくれたのである。

太宰が赤い腰紐で女と結び合って入水したのが、中学一年の夏だった。はじめて校舎の裏の林で煙草を吸ったのは、二年の春の夕暮れだった。教員室に電灯が点《とも》っているところを見ると、まだ誰か先生がいるらしい。ところが、意地悪な風が、私たちがそっと吐き出す煙を校舎の方へばかり運んでいくので、臆病な不良少年たちはハラハラし通しだった。女の子をはじめて映画に誘ったのが三年の夏休みで、映画は『善魔』というタイトルだった。ピアノの上手な、きれいな子だった。『楽聖ショパン』とか『幻想交響楽』とかいう映画の方がよかったのだが、地方の市ではそんなに都合よく音楽映画をやっているわけがなかった。『善魔』は岸田國士の原作で、三國連太郎という新人のデビュー作だった。約束した本屋で、私は『アランの人生論』を立ち読みしていた。横に女の子が立って、書棚に本を戻すとき、その題名がその子に見えるように計算していたのである。そして、女の子の気配がした。私は、しばらく我慢してから、ふと振り向いた。その子が、仲間の二人の女の子と連れ立ってそこに立っていた。

その夜の同窓会には、太宰の心中の載った新聞を学校に持ってきた奴も、煙草の回し喫みをした不良の仲間たちも、色白のピアノの女の子も、みんなきていた。どの顔も明るかった。いまはもう五十を過ぎたピアノの子が、私に丁寧にお辞儀をした。この子はいま、あの夏の日の本屋のことを思い出していると私は思った。昔の先生を囲んで話が弾み、忘れかけていた校歌をみんなで歌い、あっちの隅で歳にふさわしい病気の話が囁かれているかと思うと、こっちでは誰かが誰かにお墓を買うことを奨めている。来年からも一年に一度はなどと、あまりリアリティのない世話人の挨拶で会が終わったのは、九時を過ぎていた。会場のホテルの窓から、秋の星座がずいぶん近くに見えた。

男四人、女三人で繁華街のクラブで二次会をやろうということになった。狭い市だから車に乗るのも面倒で、十分ほどの距離をブラブラ歩いた。女三人の中には、私が映画に誘ったピアノの子もいた。こんなに月日が経ったのに、私たちは昔通り律儀に、男四人、女三人、道の両側を離れて歩いた。昭和二十年代のあのころは、いつもそうだった。男の子と女の子は、いつも離れて歩いていた。それでも、誰かと誰かはちゃんと好き合っていたし、誰かと誰かは、そのまま結ばれなかった。

市の繁華街の灯が見えはじめたころ、小さな小学校があった。この辺りは官庁や大きな会社がある地域で、だんだん住民が少なくなり、近々廃校になるらしい。そう思って見るせいか、ぼんやり点った常夜灯の明かりの中で、それは忘れられた遺蹟のようだった。たまたま四人の男の中の一人が、その小学校の卒業生だった。彼はしばらく道路との境の柵越しに覗いていたが、やがて開け放しの校門から校庭を抜けて、早足で古ぼけた校舎へ近づいていった。かなり肥満した大きな影が、星明かりの中を走っていく。誰も止めはしなかった。止めないばかりか、残りの六人もゾロゾロ彼の後をついていった。寂しい秋の校舎のシルエットが、私たちに、かつての日の貧しい中学を思い出させたのである。

驚いたことに、彼は校舎の南端の教室の窓をこじ開け、肥った体で窓枠にとりつき、中へ入ろうと藻掻《もが》いていた。追いついた誰かが、重そうなお尻を押して助けてやる。みんな酔っているせいか、夜中に知らない建物へ侵入することが、どういうことなのか考えもしなかった。昔の仲間がしようとしていることを、助けてやろうという、それだけだった。

だから、それから後のことは、あまり覚えていない。気がついたら、私たちはその教室のオルガンの周りに集まって歌っていた。男も女もいたということは、彼女たちも窓を乗り越えて入ったということだ。たぶん先に入った男が、順番に手を貸して引きずり上げたのだろう。——オルガンの音が悲しかった。昔ながらの足踏みオルガンなのが懐かしかった。空気の洩れる音が、病んだ人の喘ぎのようで、それが私たちに、あの日から遠くここまでやってきた自分の歳を思い出させた。オルガンを弾いていたのは、もちろんピアノの女の子だった。

いろんな歌を歌ったようだが、最後は繰り返し、繰り返し「朧月夜」を歌った。秋だから「紅葉《もみじ》」の方が似合っていると思うのに、どうしてか、みんな「朧月夜」ばかり歌いたがった。肥った彼はひどい音痴で、そのくせいちばん大きな声で歌うのだが、誰も笑わなかった。病気で去年会社をやめ、毎日ブラブラしているという痩せた男は、すぐに息がつづかなくなり、遠慮がちに咳込んでは隣りの女の子に背中を撫でられている。五十ちょっとだというのに孫がいて、幸せだ、幸せだと自慢していた奴が最初に泣いたら、女の子たちが待ちかねていたように泣き出した。それでも私たちは歌い続けた。

菜の花畠に　入日《いりひ》薄れ
見わたす山の端《は》　霞ふかし
春風そよふく　空を見れば
夕月かかりて　匂い淡し

宿直の用務員の人に追い出されるまで、私たちは歌いつづけた。警察に連絡されなかっただけでも、私たちは幸運だったのかもしれない。私たちとおなじ年頃の用務員の人は、怒ってもいたが、不思議そうな顔をしていた。いい歳をした男女七人が、夜中の教室で、泣きながら「朧月夜」を歌っているのである。もしかしたら、「朧月夜」だったから許してもらえたのかもしれない。そんな気もした。しかし、なぜ私たちはこの歌にああも拘《こだわ》ったのだろう。昔の文部省唱歌なら「故郷《ふるさと》」もある。「夏は来ぬ」だっていい歌だ。「冬景色」もあれば

「早春賦《そうしゅんふ》」もある。みんなで思い出してみたが、「朧月夜」は中学で習った歌ではなかった。それに、私たちの中学にオルガンはなかった。音楽の時間は、音楽教室でピアノに合わせて歌った。だから、オルガンの思い出と言えばそれ以前のはずである。——夜が更けて冷たくなりはじめた風に送られて歩きながら、私の耳には、まだ草臥《くたび》れたオルガンの音が鳴っていた。みんな俯《うつむ》きがちに、黙って歩いていた。

二次会の席で、ピアノの女の子がポツンと言った。——「朧月夜」の二番の、《里わの火影も、森の色も……》の〈里わ〉の〈わ〉って、何だろう。

2

里わの火影《ほかげ》も　森の色も
田中の小路《こみち》を　たどる人も
蛙《かわず》の鳴くねも　鐘の音も
さながら霞める　朧月夜

そう言えば〈里わ〉の〈わ〉って何だろう。あまり意味も考えずに、私たちはずっとそう歌ってきた。昔、ランゲの「花の歌」をきれいに弾いていたピアノの子に言われて、私ははじめて気がついた。もちろん意味は〈里の火影も〉ということだろうが、それでは語呂が合わないので、一字分ちょっと無理をして加えたに違いない。「朧月夜」は、〈四、四、三、三〉の四行でワンコーラスになっている。〈菜の花〉に対して〈里わの〉でないと、やっぱり具合が悪い。名詞に〈わ〉という名詞、あるいは接尾語を付ける例が他にないか、私は考えてみた。名詞なら〈輪、環〉か、〈和〉ぐらいのものだろうか。首輪、花環、埴輪、片輪……これではない。〈和〉にしたって、温和、平和、共和……〈里〉には付きそうもない。〈話〉や〈羽〉の〈わ〉もたぶんおなじである。とうとう岩波の『広辞苑』を引いてみた。〈曲《わ》、回《わ》〉というのがあった。《山・川・海などの入りまがって一区域をなした所》と書いてあって、用例として謡曲「羽衣」の《三保の浦わを漕ぐ舟の……》という一節が挙げてある。これかもしれない。埼玉県の〈浦和〉というのも、もしかしたらここからきているのだろうか。そう思ってこんどは、同じ岩波の『逆引き広辞苑』というのを調べてみる。これはなかなか便利な辞書で、たとえば〈癖〉と引くと、酒癖、手癖、寝癖、口癖といった風に並んでいるのである。〈風〉なら、向い風、追風、恋風、北風、太刀風と限《き》りがない。その『逆引き広辞苑』で〈わ=曲・回・廻〉を探してみた。『広辞苑』には出ていない用例が、これには載っていた。〈磯曲、浦曲、川曲、島曲、裾曲、浜曲〉とあって、最後に〈里曲《さとわ》〉とあるではないか。

これは、つい最近の話である。同窓会の夜、不思議に思って、それからずっと気になってはいたが、調べてみるまではしなかった。十年来の、知らないで歌っていた時も含めれば、半世紀の謎が解けたのである。――夕霞の流れる中に、黒い森があり、畑が広がり、畑は一面の菜の花である。その花の色を追っていくと、朧の月とおなじ色の家の灯がぼんやりと見え、その家から曲がりくねった野の径沿いに、もう一軒の窓の明かりが見える。窓の障子の隙間からは、夕餉《ゆうげ》の支度の白い煙が流れ、水を使う音に瀬戸物の触れ合う音、その合間に子供の声が聞こえる。――これが〈里わ〉だったのである。

同窓会の夜は、〈里わ〉の〈わ〉って何だろうで終わった。子供のころは、意味もわからないで歌っていることがよくあったし、歌詞を間違って憶えていたことだってしょっちゅうあった。あの向田邦子さんだって、「荒城の月」の《春高楼の花の宴／巡る盃かげさして……》の〈巡《めぐ》る盃〉を、ずいぶん大きくなるまで〈眠る盃〉と歌っていた。《一烈談判破裂して／日露戦争はじまった》という手毬唄を、〈一列餡パン破裂して……〉だと思っていたとも書いている。パン食い競走のパンみたいに紐に一列にぶら下がった餡パンが音を立てて破裂して、どうして日露戦争が勃発したのか、子供のころの向田さんは不思議でならなかったらしい。

私も戦後すぐの流行歌に、わからない言葉がたくさんあったのを思い出す。あのころはどこの家にもレコードなんかなかったし、いまみたいに歌詞が載っている歌本《うたぼん》もなかったから、歌はラジオから耳で聴くしかなかった。昭和二十一年に岡晴夫が歌って流行った「東京の花売娘」の中に《小首かしげりゃ　広重えがく／月も新たな春の宵》というフレーズがあって、私は〈ヒロシゲ〉というのが何のことなのか、さっぱりわからなかった。浮世絵師だと知ったのはずいぶん経ってからである。ついでに言うと、この歌の三番に《粋なジャンパーのアメリカ兵の／影を追うよな　甘い風》というのがあって、岡晴夫は〈ジャンパー〉を〈ジャンバー〉と歌っていた。つい先だってあらためて当時の盤を聴いてみたが、確かにそう歌っている。戦後五十年、いまでも〈ジャンパー〉のことを〈ジャンバー〉と濁って発音する人が多いのは、岡晴夫の罪である。

「東京の花売娘」の明くる年、藤山一郎の「夢淡き東京」が日本中で歌われた。そのサビに、《かすむは春の青空か　あの屋根は／かがやく　聖路加か／はるかに　朝の虹も出た》というのがあった。この〈セイロカ〉が謎だった。そのころ私は、戦時中に疎開したまま東京に帰りそびれて北国の市に住んでいたから、築地の聖路加病院なんか知っているはずがなかった。友だちも、誰も知らなかった。けれど私たちは〈かがやくセイロカカ〉と大声で歌って幸せだった。歌とは、そんなものである。

「朧月夜」の作詞・作曲者は、ずいぶん長い間、世に知られなかった。明治から大正、昭和にかけての音楽の教科書には〈文部省唱歌〉としか記されていない。つまり百年近くにわたって大勢の人に歌われてきたのに、著作権がなかったのである。作詞・高野辰之、作曲・岡野貞一という名前を私たちが知ったのは、いまからほんの二十年ほど前のことだった。ところが、猪瀬直樹が『唱歌誕生――ふるさとを創った男』に書いてその辺りのことが明らかになって、私たちは驚いた。このコンビは有名な唱歌をいくつも作っているのだった。たとえば《兎追ひしかの山……》の「故郷」がそうである。「春が来た」も、「春の小川」もそうだったし、《秋の夕日に照る山紅葉》の「紅葉」もこの二人が作っている。そして「朧月夜」である。いまでも歌われ、これから先もずっと歌い継がれていくだろうこれらの歌が、はるか明治のころに、おなじ作詞家と作曲家によって作られたということは、とても不思議な気がする。そして人は次々にいなくなり、歌だけが残る。

ところが、猪瀬直樹によると、この二人はほとんど顔を合わせたことがなかったというから面白い。そのころの文部省が、小学校の統一教科書を編纂するために、全国から課目別にスタッフを集めた際、音楽の部門のメンバーとして、小学校の国語の教師だった高野辰之は長野から、教会でオルガンを弾いていた岡野貞一は、岡山から東京に呼び寄せられた。はじめての顔合わせのときは同席したらしいが、その後は高野が詞を書いて編纂委員に提出すると、しばらくして、それが岡野の手に渡るという手順だったらしい。一夜、二人で盃を交わしながら、高野が信州の青々とした山を語り、岡野が瀬戸内海の入日を懐かしんでできた歌ではなかったのである。——歌とは、そんなものかもしれない。

その後、同窓会のメンバーとは逢っていない。みんな私とおなじだけ年をとり、みんな還暦を迎えたはずである。もう一度、おなじ顔ぶれで「朧月夜」を歌ってみたい気がしないでもないが、もうみんな深夜の小学校の窓枠を乗り越えて、教室に侵入することはできないだろう。〈里わ〉の〈わ〉についても、私は誰にも話していない。あんなにあのころ好きだったピアノの女の子にさえ、〈わ〉の意味を教えていない。あの夜の、私を除いた六人は、いまでも〈里わ〉の〈わ〉って何だろうと思っているかもしれない。けれど、あの夜誰かが言っていたように、歌は意味なんかわからなくても、歌えばそれでいいのだ。好きだったら、死ぬまで歌えばそれでいいのだ。

私たちが足踏みオルガンの周りに集まって、月の光に泣きながら「朧月夜」を歌うことはもうないだろう。あとは、一人一人になって、静かに歌うだけだ。そのうちにお互いの顔を忘れ、好きになったりなられたりした記憶もいつか薄れ——〈里わ〉の〈わ〉だけが朧に残る。

あとがきにかえて

リリー・マルレーン

久世朋子

去年の大晦日の午後だった。

手品みたいに久世がいなくなって九度目、私がひとり暮らしになって二度目の大晦日である。明けた二日に訪れる息子夫婦のためのお重も詰め終え、年内最後の掃除もすませた。あとはぼんやりテレビを見ていてもいいのだが、長年の習慣で、大晦日には立ち働いていないと落ち着かない。ではと自分のために、酒に合う年越しの膳を仕立てようと台所に立つ。ブリのお刺身に好物のかぶら寿司は買ってある。あとは、と冷蔵庫のドアに手をかけると、ぶーんと低く唸った。

その時だ。なにかのメロディが地の底からのように、幽《かす》かに耳に聴こえて来たのは。耳、いや違う。私のアタマの中に流れて来たのだ。子守唄のように単純な、甘く切ないメロディが古い友のように懐かしい。これはなんという歌だったか、記憶の奥底をたどろうと首を傾《かし》げ、気がついたら私は指で拍子を取りながらハミングしていた。幾度かを繰り返し、最後にリフレインされるメロディで想い出した。——「リリー・マルレーン」だ。

深夜の、久世の仕事部屋から漏れ流れてくる「リリー・マルレーン」を耳にしたことはある。人前では決して歌わない久世が、家の廊下ですれ違った時などに、この歌を小さくハミングしていたこともある。確かに憶えのある歌なのだが、なぜ今日、唐突に私が想い出すのか。

なにか、ちょっと忘れ物があるんだよ、と久世が言っているようで、私は年越しの膳なんか放り出して、久世の仕事部屋に向かった。

ほどなく見つけた。マレーネ・ディートリッヒが英語で歌う、「リリー・マルレーン」のCDがあった。聴いてみる。低く甘く流れるディートリッヒの声、そう、私が耳にしていたのはまさにこのCDの歌だと、再会がうれしい。そこからまた想い出した。確か久世の映画のエッセイ集のなかに、マレーネ・ディートリッヒについて書いたものがあるはずと。そこにこの歌が登場しているかもしれない。

エッセイを探し出して私は驚いた。昭和四十九年の『文藝春秋』五月号に掲載されたノンフィクションで初めて、「リリー・マルレーン」という歌を知り、そうして、その歌への幾層にも重なる人と時代の物語に感動した久世は、当時演出をしていたテレビドラマ『寺内貫太郎一家』のある一話を、その話とこの歌で、作っていたのだ。そのドラマをほとんど観ていない私は、知らなかった。

久世が読んだノンフィクションとは、鈴木明著『リリー・マルレーンを聴いたことがありますか』である。

第二次世界大戦中、ナチ占領下のベオグラード放送が、毎晩九時五十七分になると「リリー・マルレーン」という歌をオン・エアした。この放送は東部戦線でも、アフリカ戦線でも聴くことができ、次第に戦う兵士たちの間に広まっていった。本来はドイツ軍の士気を高めるためのものが、この歌はいつか国境を越え、連合軍の兵たちにも熱く愛されるようになった。そして、両軍の間に暗黙の協定ができた。——「リリー・マルレーン」の三分間だけは、戦争を休止する。放送はドイツ語だったが、兵士たちは自分たちの故国の言葉で歌ったという。そして幻の三分間が過ぎ、故郷の夢から目覚めた彼らは、ふたたび銃をとって戦うのだった。

という話とこの歌で、久世はいったいどんな「寺内貫太郎一家」を作ったのだろう。観てみたいと強く思うのだが、なにしろ全部で三十九話、探し出すのは気が遠くなる作業だ。これはその専門家にと、TBSのDVD事業部の畭尾《はりお》裕俊さんにすがると、すぐに答えが返って来た。さすがである。

さっそく観て、また驚いた。朝のシーンから軽快にアレンジされた「リリー・マルレーン」が流れ、全編に様々なバージョンで使われるのだが、これが、朝ご飯にウドのおみおつけを作る根津の石屋一家の人々の気持ちに、奇妙なぐらいに揃うのだ。

ごく普通に見える家族も、それぞれが小さな痛みを抱えている。だから、この歌がしっとりと沁み込んでゆくのだろう。そうして向田邦子さんの脚本は、「まあ、一種の反戦歌だね」と言う西城秀樹の周平に対して、小林亜星の貫太郎にこう言わせる。「いや俺は、敵も味方も一緒に歌ったってとこが気に入った」。——いい歌は国境も時代も越える。

あの大晦日の日から、「リリー・マルレーン」が私から離れない。久世の訳詞で小さく歌ってみたりしている。

雪の朝　雨の夜
戦い疲れて　見る夢は
夜霧のくちづけ　優しいささやき
あゝリリー・マルレーン
あゝリリー・マルレーン

特別附録

テレビなんて流れて消えるもの。でも歌は残したいですね。

●——インタビュー 久世光彦

◇ドラマ制作の流れ

　演出家というのは本来、テレビではディレクター、映画で言えば監督なんだけど、僕の場合にはディレクターとプロデューサーを兼ねているんですね。つまり自分で企画をして、自分で台本を発注して、脚本家と本を作り、自分で好きな配役をして、しかも自分で撮るという、いわば全部を一人でやっているようなケースが多い。

　たとえば八月から、『小石川の家』というドラマを撮る。この原作は、作家・幸田文《あや》さんの娘の青木玉さんが書いた随筆で、去年の暮れに出て、ベストセラーになっている本です。幸田文さんのお父さんの幸田露伴は、明治時代の大文学者で、『五重塔』みたいな有名な小説を書いた人。そのおじいちゃんと娘と孫の三代が小石川の家に暮らしていた、昭和十年代の話です。

　まず青木玉さんにお会いして、ドラマにさせてくれないかというお願いから、僕の仕事が始まるわけです。青木玉さんの随筆だけではちょっと話を作りにくいので、お母さんの幸田文さんのたくさんの随筆の中から、幸田露伴についてのお話の部分の著作権のお願いもする。そして許可をいただく。

今度はそれを脚本家の筒井ともみさんに、ドラマにしてくれと注文する。と同時に配役ですが、幸田文さんの役は田中裕子でいこう、幸田露伴という明治の大文豪は森繁久彌さんにお願いして、孫娘の青木玉さんの役は若手の田畑智子という女の子にする。森繁久彌・田中裕子・田畑智子、この三代の話にしようというのが、今の段階です。そしてこれから脚本ができ上がってくる。それに注文をつけて直してもらう。またその他の配役をする。

他にも、どういうセットでやるか——小石川の家の当時の様子を青木玉さんに訊いて、なるべく忠実にその家屋をスタジオの中に建てるための打ち合わせが始まったり、音楽は何を使おうかと考えたり、という仕事がありますね。

いざ制作に入ったら、リハーサルをやって、本番をやって、ロケをやって、撮影が終わる。終わったら今度は、編集して、効果音とか音楽を入れるダビング……。そういった全部の作業をする。

だからけっこう大変なんだよね。

原作の企画をしたのが今年の三月とすると、撮り終わって全部完成するのはたぶん九月。半年くらいかかる。これが来年のお正月に放映される。

——こういう企画が、年間四本くらい、ダブって進行しています。

今までいろいろ作ってきたけれどね、僕はそんな深い思想があったり、高邁な精神があるわけでもなくて、ホームドラマでも、サスペンスでも捕物帖でも、何でも好きですよ。でも、だんだん歳をとってくると、なるべく自分の好きなもの、自分の撮りたいものをやりたいなと思う。もちろん、こういう業界は非常に厳しい状況にあるんだけど、もはや撮らなきゃいけないから撮るというのは、したくないですね。

僕は自分の子供時代を送った戦前あたりにすごく興味がある。何か執着があるんですよね。だから毎年お正月に向田さんのドラマをやって十年になるんですけれど、その舞台、時代背景は、みんな昭和十年代なんです。向田邦子という人がかつて非常に愛した時代、ということももちろんある。

それと、今回の作品の、幸田文さんという人が好きなんですよね。昭和十三年ごろ、幸田文さんは離婚して、今の青木玉さんを連れて、いわば出戻ってきたわけだ。幸田露伴という人は非常に昔気質《かたぎ》で、頑固で、しつけが厳しい怖いおじいちゃんで、その家に幸田文さんが一人娘を連れて出戻ってきた日から、ドラマが始まる。それから露伴が死ぬまでの、だいたい八、九年の話になるんですす。実際もすごく厳しい人で、ピシピシピシピシ叩いたんだってね。だけど、その中には、何か大げさだけど、日本人の生き方とか、日本の女の生き方みたいなものが、ずいぶん含まれているような気がするんですよ。

だから、この作品の中で見せたいのは、小石川の家という一軒の家の中で三人がどう生きたか——。幸田露伴がだんだん衰えていって、あんな怖かったおじいちゃんに対する愛しさがこみ上げてくる。娘は娘で、嫁に行ったはいいけれど出戻ってきた負い目がある。そういう心理的な面を含めて、家族っていったい何なんだろうか、というようなことになるのではないですか。

◇看護婦について

小泉今日子が看護婦の役を何度もやってるよ。

僕は看護婦って何か好きなのね。やはり憧れがあるんですよ。昔から看護婦というのは、何か男にとって憧れがあるじゃない？　いや、あるんですよ。『愛染かつら』で田中絹代が演じたころから、看護婦というのは浪漫的職業なんだよね、男にとっては。だから変な話だけど、ブルーフィルムとかアダルトビデオのベスト3は、昔から看護婦、セーラー服の女学生、女の先生。順番はわからないけど、看護婦はおそらく一位か二位を争っているわけよ。男から見れば、それほどに、清純な意味での憧れと、何かそれを穢したいという欲望と——そういう非常に危ない仕事なんだよな。やはり制服が、何かセクシャルに見えてね。

そういう猥褻な意味じゃないけど、看護婦って好きでね。僕、小泉今日子というと、なぜか看護婦が浮かぶんですよね。彼女は非常にすばらしい女の子だと、僕は思っているんです。十五歳のときから一緒に仕事していますけれど、素敵なんですよ。なぜかあの子を見ていると看護婦をさせたくなる。

僕のドラマは、原作がある場合以外にオリジナルで話を作ることも多いから、小泉今日子の看護婦姿を見たいなと思ったら、あいつを看護婦にしちゃえばいいわけ。それが僕の有利な点でさ。だから小泉は三回くらい、僕のドラマで看護婦の役をしてますよ。

最近では、NHKの『振り向けば春』というドラマ。加藤治子さんの演じるお母さんにちょっとボケがきていて、お姉ちゃん役はいしだあゆみで、妹が小泉で。その小泉が、看護婦さんの学校へ行っていて、戴帽式を迎えるころの話なんだ。戴帽式って僕は知らなかったけれど、看護婦さんに教えてもらったんだよ。みんなでロウソクを点けて、ナイチンゲールがどうのこうのって宣誓文を言うんだよね。娘二人が母親と三人で暮らしていて、お母さんがボケてきて、下の娘がようやく社会に出ようとする。だけどお母さんがボケてるので、その式に出るわけにいかない。それで、家庭でもって電気を消して、ロウソクをつけて、戴帽式をやってみせるというシーンがありましたね。

◇死について

人が亡くなったりするのは、俺、あんまり撮りたくないのね。好きじゃないの。どうしてもというなら撮りますけど、亡くなったという情報が入ってくるという場面が多いですね。本当に最後の臨終の場面でカックンとなったというのは、あんまり撮った覚えがない。怖いですからね、死ぬことは。

ただ、歳とともに、死に対する考え方もだんだん変わってきたんですよ。死にリアリティがないころは、なるべく浪漫的な死に方で死にたいと思ったりするんだよ、特に男は。それは革命的な死であったり、恋愛的な死であったり、あるいは格好いい死に方——古いけど愛国的な死に方とか。それは自分が死ぬということにリアリティがないから思うことで、だんだん歳をとってリアルになってくると、なるべくみっともない死に方をしたくないなとか、せめて見栄を保ちたいとか、第一に、死にたくねえなという思いが強くなってきた、情けないけど。

若いころは「死にたい」みたいな、一種の夭折願望というのがあるんだよ。少年や少女でよくそう思う人がいるでしょう。実際死ぬ奴もいる。死というものに、まったく肉体的にリアリティがないからそう思うんだろうね。

僕の子供のころは戦争で空襲に遭ったりしているわけ。死ぬということは、今みたいな平和な時代であれば、だいたい順番だと思わせるけど、違ったからね。もっと死が身近な時代に育ったのも、今の気持ちとどこか関係があるような気はしますね。

でもまあ、死については、ある時期は達観しているように思うこともあるし、かと思うと、いい歳になって自分の死ぬことを考えたら夜も眠れないということもあったり、いろいろじゃないかな。病気になって、俺もあと三年かなとか思うようになったら、また違うかもしれない。

問題は、昔と違って平均寿命が伸びて高齢化社会になってきて、いつ死んでもおかしくない人たちがうようよ増えて、自分がそうなったときだよね。つい最近、六十六歳でアルツハイマーという話を聞いたんだよ。俺なんか、あと五、六年でアルツハイマーかと思ってしまうよ。子供が来てもわからない、「どなたさまでしょうか」って……嫌になっちゃうよ。死ぬことも嫌だけど、死なないでそうなってしまうのも嫌だね。八十だったら、まだ二十年あるなと思うけど、六十六だともうすぐそこまで来ているわけだから、僕にとってはすごくリアルなんだよ。

◇歌について

《マイ・ラスト・ソング》というのは、死ぬときに何を聴きたいか。そう質問すると、「さあ、何かな」とみんな考える。僕も二十数曲挙げたけど、「俺はこれだ!」っていう結論は、最後まで出ないんだよ。

だって、六十のときに死ぬのと七十で死ぬのとは違うから。必ずしも子供のときに聴いた懐かしい歌がそれかわからないし、七十歳で死ぬ人が、六十八歳のときに初めて知った歌が人生の一曲になるかもしれない。

もしも本当に死ぬときのことを考えれば、死ぬのがどういう状況かによって、選ぶ歌、聴きたい歌が違うかもしれない。もしもそこに、危篤だからと昔の女でも駆けつければ、その人との思い出の歌をリクエストするかもしれない。

みんなにマイ・ラスト・ソングの答えを出させたら、それらしき歌――《菜の花畑に入日薄れ……》みたいな歌を言う人もいれば、「東京ドドンパ娘」とか、「なにこれ?」っていうような歌を出す人もきっといる。人生とはそういうものだし、歌というのは、まったく個人の、誰にも知られないところにかかわっているものではないかしら、と。要するにこれは、あなたにとって人生の一曲は何ですかという質問なんですよ。

だから僕は歌はすごく好きですよ。もしかしたらドラマより好きなんじゃないかと思う。

僕の生涯の希《のぞ》みは、自分が死んで五十年百年経っても残る歌を書きたいということだね。テレビなんて、どんどん流れて消えるものだと思っていますから。本だって、たいした本を書いていないから、残るとはあまり思わない。けれど歌は残したい。

天地真理の「ひとりじゃないの」とか、最近だと香西かおりの「無言坂」とかは僕が書いたの。作詞もするんですよ。でもこの歌は残らない。わかるんですよ。《湯島通れば思い出す……》なんていう歌知ってる? もう六十年前の「湯島の白梅」という歌なんだけど、今でもカラオケでみんなが歌っている。いい歌はやはり詞がいいからね。たとえば阿久悠の書いた「舟歌」。《お酒はぬるめの燗がいい……》って。あれなんかも残るんじゃないかな。別にそんな上等な歌じゃなくていいんです、そういう残る歌を書きたいね。

●——対談

阿久悠×久世光彦

私が愛した歌たち　時の過ぎゆくままに

◇歌の中に潜む〈頽廃〉

久世　歌の話を二人でやり出したら、もう止まらないいんじゃないいの。

阿久　徹夜だね、間違いなく。

久世　『愛すべき名歌たち』は本になる前の新聞連載をずっと読んでいて、知らない曲ってなかったよ、一曲も。

阿久　そうだろうね。

久世　「湖畔の宿」「長崎物語」「港が見える丘」「三日月娘」……、今でも伴奏から全部歌える（笑）。取りあげる歌を絞るの大変だったでしょう。

阿久　大変だった。ああ、これを書くんだったらあれも書きたいって。

久世　うん、分かるね、その気持ち。

阿久　特に終戦直後、僕らはそれまで軍歌しかなかったのに、突然あらゆる歌が流れ込んできた。それは戦前の歌を含めて入ってきたわけですよね。もう全部の歌が興味深くて好奇心をくすぐられたし、今でも色褪せない。本当に千曲書かなきゃ気が済まないくらい、あの頃の歌の存在は大きい。

久世　今みたいにあの歌手がこれを歌って何だか

評判になってるらしい、なんていうのとは違って、歌そのものがその時代の色であり、匂いだったね。
阿久 命綱。東京と僕をつないでいる唯一の手段が歌だった。田舎にいましたからこの歌をたぐっていったら東京が寄ってくるんじゃないかという気分だった。
久世 淡路島と東京は遠かった(笑)。
阿久 そりゃ、遠いよ。ラジオとポータブル蓄音機があって、月一枚か二枚レコードを買っていたかな。貴重な文化投資ですね、あの頃としては。僕の親父は、警察官だったから金なんかないんだけど、それでも給与生活者は現金を少ないながらも得ているから買えた。
久世 僕の家は蓄音機なんてなくて、ラジオ・オンリーだったけど、とにかく夜はほとんどラジオを聴いていたね。
阿久 あの時代どこの家でもラジオが唯一の娯楽であり情報源だから、同じ歌を聴いている。だから久世さんが『マイ・ラスト・ソング』や疎開先の富山で過ごした少年時代を書いた『時を呼ぶ声』に出てくる歌と僕の本で取り上げた歌は非常に重なっている。
久世 本人の資質や好みよりも先に耳に飛び込んできた。それぐらい歌の持つ力が強かった。きっと、小林亜星さんも横尾忠則も同じ歌を挙げるんじゃないの、同時代を生きてきた人たちは。だから僕の場合、疎開先の富山で過ごした九年間は、父親が職業軍人で公職追放に遭って商売をやってもうまくいかない落ち込んだ状態で、東京に戻るとか憧れるという気持ちはなかったけれど、不思議と歌に対する気持ちは阿久さんと同じ受け取り方なんだよね。とにかく聞き洩らしたくないんだ。
阿久 覚えるのに必死だった。
久世 同級生にレコード屋の息子がいたの、繁華街の楽器店。そこに入り浸っていたんだけど、何をするかというと、歌詞を書き取りに行くのね。その頃は歌本なんてないから。
阿久 『平凡』『明星』はもっと後だよ。
久世 だから耳でしか聴けないと何か不安なのね、分からない歌詞もある。
阿久 そういうのはいっぱいあった。今の時代よりも、歌に接する時に真剣になっていたね、聞き逃したらそれっきりだから。たとえば僕が作ったピンク・レディーの歌、これはもう、みんなテレビを見てあの歌ふりを練習してた。なぜかというと、あの頃はビデオが家庭に普及してなかったから、とにかくその時点で覚え込まなきゃならなかった。打ち込み方が真剣なわけ。それと似ている。
久世　同じだね。もし今書き取っておかないと、これは永久に謎のまま終わってしまうんじゃないかと思ったから。
阿久　メロディーは昔の歌は結構覚えやすかったと思わない？
久世　ぱっと覚えたね。
阿久　すぐハーモニカで吹けたし。ところが詞は正しく書き取っても僕らの生活の周辺にない言葉がいっぱい出てくる。それに誤解や勘違いも多い。僕はコウモリってこうもり傘くらいでかい生物だと思ってた。
久世　「東京の花売娘」の二番で、〽小首かしげりゃ広重えがく　月も新たな春の宵……、の〈ヒロシゲ〉がこれまた分からない。浮世絵の広重なんて出てこられても困るんですよね、子供にとっては。分かるわけないし、書き取って字を見ても〈広い〉〈重い〉じゃますます分からない。
阿久　僕は〈広重〉は大人にも難しかったと思う。子供に分からないことが大人にも分からないものってあった時代だからね。都会の人ならいざ知らず、田舎では広重さんが何者かは分かっている人は少なかったような気がするな。
久世　そういうものがなければ、歌の雰囲気なり、情景なり、訴える気持ちは子供の方が正確に理解していたと思う。つまり歌の中に潜んでいる頽廃であるとかはガキの方が察知していたような気がするな。
阿久　やっぱりそう思う？　頽廃、いわば不良の匂いみたいなものを嗅ぎ取るのに長けていたよね、あの頃の少年は。歌に関してはけっこう大人は過敏で、大抵のことは時代が変わったことを理由に許されるのに、不良っぽい歌を歌っていると昔風に怒られたから。
久世　むしろ、大人のいる前では、「この歌は歌わない方がいい」って微細なニュアンスが分かるんですよ。だから歌を歌うにしても〈場〉があるんだ。学校でも休み時間に空襲を受けた瓦礫だらけの運動場でみんな流行歌を歌っていたけど、それがまた気分がいいんだよ。僕は昭和二十年の七月に富山に疎開したんだけど、八月一日に全市が燃えちゃった。あの脂じみた、こげた臭いはいつまでも残る。十年近くあの臭いはあった気がするけど、そういう中で歌うと何かが違うのね。

阿久 僕は大空襲は、海を挟んだ神戸や明石が燃えているさまを見てね、空が真っ赤になっているのが恐ろしくきれいだと思って見ていたぐらいで、焼け跡のひどさは知らない。機銃掃射に追われて、慌てて用水路に飛び込んだことはあるけど。

久世 瀬戸内の出身の人はみんな機銃掃射といいますね。

阿久 紀伊水道を艦載機が北進して来たんだね。淡路島で燃えたところはねらったというより、余った爆弾を落として行く感じなんでしょう。機体を軽くするためにね。それはそれとしてまあ、都会で育った子供たちは分からないけど、比べようもないくらいのどかな田舎で暮らした僕は、戦争中不良の姿をした人は見たことがなかったのに、それが突然終戦になって見るようになった。それはガラッと変わった。「星の流れに」に歌われている気分が、ああ、こういう身を崩した女の気分を歌っているのかと結びついてくるんです。それで何となく関心があるから、そういうちょっと怪しげな風体の女の人に近づくと、すごく怒られたりした。

久世 女に（笑）。

阿久 ませたガキだったからね（笑）。

久世 富山で僕はパンパンガールみたいな人は見た覚えはない。何せ焼け跡だけ――東京でも焼け跡からそういうものは生まれたんだろうけど。だから正直いうと「星の流れに」にはそんな実感はなかったと思う。ただ歌っていると雰囲気はある。あの頃の情けない歌詞は今でも、〽飢えて今ごろ妹はどこに　一目逢いたい　お母さん……。

阿久 おっかさん。

久世 これはしびれるんだよね、当時も今も。〽煙草ふかして口笛ふいて……、随分器用な女がいるもんだなって（笑）。

阿久 こういう歌が分かるってことがちょっと嬉

しいんだね。大人になれるみたいな気がして。

久世　「港が見える丘」に、なじみきれないハスッパな戦後の空気を感じた、と書いてあったでしょう。僕と阿久さんは二歳違いだけど、やっぱり同じことを感じているんだね。「青い山脈」は小説、映画、歌の三本立ての印象があるんだけど、あれで僕は戦争が終わったという実感が初めてしましたね。あれが昭和二十四年だから、それまでは焼け跡の臭いの中にいて、戦争は終わり切っていない感じがしたけどね。

阿久　僕は映画『青い山脈』を封切日に観に行った。親と一緒ではなく、一人で、明石海峡を渡って神戸の映画館に。

久世　かなり前だけど、映画会社に頼んで『青い山脈』を阿久さんと二人で特別試写室に見に行ったね。

阿久　僕は一番の〽若くあかるい歌声に　雪崩は消える花も咲く……より、二番の〽古い上衣《うわぎ》よさようなら　さみしい夢よさようなら……や、三番の〽雨にぬれてる焼けあとの　名も無い花もふり仰ぐ……の方がずっといいと思う。

久世　歌謡曲って、二番にしびれるいい歌詞がある。一番は何か言わなきゃいけないことみたいなのがあるんだろうな。シチュエーションを説明したり。

阿久　自分が歌を作るようになっても、まずよく分からせるために結構大上段に振りかぶった感じにワン・コーラス目は書く。

久世　三番は三番で、これから前向きにいくのか、後ろ向きにいくのか、方向を示さなきゃいけないみたいな気分があるけど、二番は心情だけでいいみたいな、しびれる景色が書けるんじゃないかな。僕は二番に好きな歌詞が多いけど、テレビサイズでカットされることが多い。

阿久　同じようにレコードのB面も隠れた名曲の宝庫でしょう。久世さんの好きな「恋のアマリリス」も「青い山脈」のB面の曲。

久世　B面なんだよ。〽姉と呼びたき師の君も悩み給《たも》うか恋の夜は……全部覚えてる、前奏も間奏も完璧。

阿久　一つ一つの歌に対して自分の宝探しみたいなものがある。みんなは一番がいいと言ってるけど、俺は二番の四行目からがいいとかね。魚の骨のすき間の身まで食べるみたいにこの歌のおいしいところはどこだろうか、を子供心にしゃぶり尽くしていたと思うね。そういう歌は忘れないでしょう、何十年経っても。

久世 今の歌を毎日みたいにカラオケで歌っている子たちが、二十年経ってフル・コーラス思い出せたら、僕は賞金を出したいね。端的に言えばここが違うんですよ。一曲サァーッと流してしまうかどうか。

阿久 ところで「リンゴの唄」を歌いました？

久世 歌わない。

阿久 歌わないでしょう。僕はこのところよく人に尋ねるんだけどね。

久世 ガンガン聴きましたけどね、歌いたい歌じゃなかった。全く同時期の「港に灯りのともる頃」。覚えている人も少ないだろうけど、僕はそっちの方を口ずさんでいたね。その区別はガキの中にもあったと思う。

阿久 条件反射みたいに終戦直後というと「リンゴの唄」が流れるけど、時差があるのかどうか、歌った記憶がないから。

久世 うん、やっぱり歌いたくなかったんだよ。あれを歌うなら他のを歌うってチョイスがおのずからあった気がするな。

阿久 その時に歌ったのは戦前に封印されていたような「流転」や「大利根月夜」だったり、「妻恋道中」だったり……。

久世 〽投げて長脇差《どす》永の旅……だからね、韻を踏んでいる、頭韻。子供心に、あっ、流行歌ってかっこいいなあ、と思った記憶があります。

阿久 子供の頃になまじそういうのがかっこいいと思ってしまった分、自分が詞を書き始めたら、これはやるまいというのが出てくる（笑）。これとは違うものをやらないとしょうがないと思ったり。なんだろうね、歌の解放軍だね。進駐軍には解放されなかったけれど、流行歌には解放されたという感じはあるね。

久世 その感覚は、僕らの三、四歳の幅の世代にだけ共通するものじゃないかな。僕の五つ歳上ぐらいになっちゃうと、たとえば野坂（昭如）さんたちの世代は、戦前の流行歌の豊穣さを断片的かもしれないけど記憶として持っているからね。

◇流行歌とジャズが矛盾なく同居していた

阿久　流行歌ともう一つ僕たちが戦後洗礼を受けたのは、やはりジャズだと思うな。

久世　少年というのはよく言えば非常にフレキシブルなんですね。僕なんかは軍人の家庭に育ったからか、やっぱりアメリカは好きじゃなかった。今でも好きじゃないけど。だけどジャズは素直に受け入れられた。まあ矛盾した存在だね。

阿久　矛盾だらけ。一番最初に聴いたのは「センチメンタル・ジャーニー」だけど、へぇ、こういう歌があるんだと思ったし、「ボタンとリボン」にはウッと思ったり。「テネシー・ワルツ」はいまだに好きだし。

久世　ちょうど中学、高校の頃でしょう。歌詞が英語の教科書にある言葉しか使ってなくて、アイ・リメンバー・ユーとか全部中学生に分かる。だからパックリいったね。やっぱり口が回らなくて意味が分からなきゃいかないけど、「テネシー・ワルツ」なら、〽I was dancing with my darling to the Tennessee Waltz……、全部分かるじゃない。

阿久　"I was dancing" で覚えてる?

久世　"waltzing" か。

阿久　僕は "waltzing" は "dancing" だと思い込んでいたら、パティ・ペイジは "dancing" と歌っているのね。

阿久　僕はパティ・ペイジで覚えたつもりだったけど、実は江利チエミの英語バージョンから覚えたんじゃないか。

久世　いや、向こうの歌手もスタンダードになればいろんな歌手が歌うから、"waltzing" もあるんじゃないかな。

阿久　そうだね。

久世　「イン・ザ・ムード」は何年ぐらいになりますか。

阿久　もちろん戦時中には出来ていた曲だから、進駐軍放送では流れていたけど、流行したのは、映画『グレン・ミラー物語』の時だから昭和二十九年頃でしょう。

久世　映画の『瀬戸内少年野球団』はやっぱりあの曲があればこその映画だと思えるね。シンボルソングというか。

阿久 一番アメリカという感じがするのは、僕には「イン・ザ・ムード」だったんですよ。グレン・ミラーの中ではもっと有名な曲があるかもしれないけど。

久世 「リトル・ブラウン・ジャグ」〔茶色の小瓶〕とかね。『グレン・ミラー物語』観るたび泣くもん、俺。

阿久 泣く、泣く(笑)。

久世 泣き虫だからね、泣いてしまう歌はたくさんあるし。

阿久 泣いてしまう歌ってありますね、確実に涙が出てくる曲。僕はガーシュインの「サマー・タイム」は泣く。このあいだラジオでエラ・フィッツジェラルドとルイ・アームストロングのデュエットの「サマー・タイム」が流れ出したら、もう止まらないね、涙が。

久世 僕らって日本の流行歌とジャズのような外国の歌が同居してるでしょう、分け隔てなく。この前三十半ばの編集者に言われたけど、それがうらやましいって。その編集者はロックと歌謡曲を聴いていたけど、それは全く別物という感じで聴いていたらしい。

阿久 たしかに歌謡曲もジャズも共存していますね。表裏一体というか。さらに言うと浪曲や小唄まで共存している。「紺屋高尾《こうや》」も「唄入り観音経」も小さい頃から知っていた。

久世 若い世代が聴く外国の曲と近頃の日本の歌は似ているんだと思う。だから取捨選択が生まれる。僕らが聴いたときの田端義夫と「テネシー・ワルツ」の落差はそれに比べたらはるかに大きいでしょう。だから両方とも受け入れられたんじゃないの。

阿久 戦争が終わるまで外国の歌はもちろん、日本の歌だって制限されていたからゼロからの出発でしょう。もう貪欲に吸収したから。戦時下の七、八年間の空白を取り返したいと思ったですね。世の中に流れていて、他の世代が知っているものはとりあえず吸収したかった。

久世 日本の歌だけ聴いていて、アメリカからジャズが入ってきた時せめぎ合いを経験した世代はいるだろうね。でも僕たちはちょっと違った特殊な世代なのかもしれない。

阿久　シャンソンやタンゴまで外国の歌は全部ひっくるめてジャズだと言っていた時代だから、とにかく何でも知っていなきゃ気が済まない。僕が東京に出てきた昭和三十年は、ロックンロールが映画『暴力教室』のテーマ曲「ロック・アラウンド・ザ・クロック」として上陸し、これも聴くようになった。翌年にはプレスリー人気が始まる。でも流行歌も依然として聴いているんだ。

久世　僕はシャンソンだったね。イベット・ジローやイブ・モンタンが日本公演をした。こういう上等なのはお金がないから行かなかったけど、シャンソン喫茶にはよく行ってた。〈ジロー〉や〈銀巴里〉とか。

阿久　じゃ、美輪明宏がいたんじゃないの。

久世　いましたよ。その頃の名は丸山臣吾。あんなきれいな男を見たことなかったなあ。それは魔少年という感じだったね。でも相変らず流行歌も聴いていたし、それともう一つ、〈うたごえ運動〉というのもあったからややこしくなる（笑）。それはロシアの労働歌や日本の歌もあるけど、シャンソン喫茶とうたごえ喫茶は矛盾しないんだ、全然、自分の中で。

阿久　今の若い世代はロックの中でもオルタナティヴ系だとかヒップホップ専門とか、もっと狭めて誰々でなければならないみたいになってる。でもそんな気はさらさらないんだよね。ジャズ喫茶と寄席とストリップ小屋は共存してるんだよ。

久世　小唄のお師匠さんの看板が町にあったり、何か幸せだったでしょう、いろいろな音があって。

阿久　うん。

久世　矛盾なく共生できるなら誰とでもどの歌とも仲良くなればいい。要するに文化はバランスだからね、今はちょっとそのバランスが悪すぎるんじゃないの。

◇言葉の歌は復権するか

久世　僕は阿久さんの「また逢う日まで」を聴いた時、何よりも感じたのはイントロが短いなということ。それまでの曲はすごく長いんだけどね、「憧れのハワイ航路」とか何小節あるのか勘定できないくらいだったでしょう。

阿久　テレビ時代になってイントロは短くなったね。以前はステージを中心に考えたから舞台の袖からセンターマイクまでの距離を前奏で稼がなきゃならなかったから。僕はテレビ用に歌を変えたつもりはないけれど、テレビになじんでいる人に訴えかける歌は変わってくるだろうなという意識はありましたね。

久世　僕は阿久さんの歌ばっかりでそういうことを考えてきた気がするけどね。たとえばピンク・レディーの歌はもちろん歌としてまずあるけれど、あのふり抜きでは考えられない。それは架空のふりであれ、詞を書いている時には既にその意識が少なくとも潜在的にはあっただろうし、あって当然だったと思うのね。

阿久　山本リンダ、フィンガー5の時から、いわゆる流行歌と違う作り方のものを書いてきたでしょう。山本リンダなら中近東〜オリエンタル風だったり、フィンガー5にはアメリカンコミックの感覚ですね。それがピンク・レディーでは荒唐無稽な、ハリウッドのユニバーサル・スタジオみたいな、あらゆる娯楽を創造するような感覚の歌を作ろうと思った。もちろん、都倉俊一というそんな僕の発想を曲に書ける作曲家がいたのも大きいですけどね。

久世　一方で「昭和放浪記」の、〽女の名前は花という……がある。やっぱりこの歌は、作詞というよりポエムの気持ちが強いんじゃないかと思う。いずれも自由詩じゃないから、制約はあるんだろうけど、気持ちはずいぶんと違うんじゃないの。僕は阿久さんに両方ともやってもらいたいってずっと思っているんですね。

阿久　久世さんにはずいぶんプロデュースして貰っていますから。

久世　沢田研二の「時の過ぎゆくままに」はのっけから一緒にやったよね。

阿久　ドラマを作る時から。

久世　上村一夫に原作を書いてもらって漫画にして、それと同時進行的にドラマにしたんだ。

阿久　沢田研二でドラマを作ることだけが決まっていて、どんな役にしようかと……。僕は『怪傑ゾロ』みたいなものにしようと言ってて時間切れ寸前に、そう言えば三億円事件が時効になると話していたら、それで行こうってね。

久世　それがドラマ『悪魔のようなあいつ』で、沢田研二の歌う主題歌が「時の過ぎゆくままに」なんだけど、今考えると信じられないくらいすごい作曲家に複数発注したんだよね。

阿久　都倉俊一、井上大輔、加瀬邦彦、荒木一郎、大野克夫、井上堯之ですからとんでもないメンバーだった。

久世　それで阿久さんと僕と沢田本人で選んだ。

阿久　結局、大野克夫の曲に決まりましたけど、みんなそれぞれ良かったんですよね。

久世　残念なのは番組が当たらなかったんだ。本当に残念だったけど。ただ歌はヒットした。ドラマは幻の……ですが歌は残った。でも僕にとっては愛着のある作品で、自分のドラマを一本だけ選ぶとすれば、という質問には、この作品を挙げているんですね。

　いや、阿久さんには歌はずいぶんやってもらってるね、堺正章の「街の灯り」や郷ひろみと樹木希林の「林檎殺人事件」もそう。

阿久　こういうドラマの中で歌を歌わせるのは他のドラマじゃなかったですね。どういう所から思いついたの？

久世　いや、歌が好きなんですよ。何せ歌好きだから、もうこれはね、どうにもならない。だから歌からドラマを一本作ったり、『時間ですよ』や『ムー一族』みたいにドラマの中で歌を歌うシーンを作ったりしちゃった。でも本当は阿久さんみたいに数十年後にも残る歌を僕も書きたいんだけれど、難しいね、歌を作るのは。

阿久　天地真理の「ひとりじゃないの」を作詞した小谷夏は久世さんのペンネームでしょう。

久世　あの頃のドラマは劇中歌なんか、どこもやっていなかったから、有名な作詞家には頼めないじゃない、劇中の歌が当たるかどうかも分からないし。それで自分が作ったのが本当のところ。あと、すでにある、あまり人に知られていない曲を見つけてきたり。

阿久　「昭和枯れすゝき」。あれは『時間ですよ』で使っていた？

久世　そう。昭和四十九年の『時間ですよ・昭和元年』。

阿久 それが百万枚だからねえ。

久世 歌ったさくらと一郎、いじましくてね、サーカスの男女みたいな感じだったでしょう（笑）。でも詞がいいんだよね。〽貧しさに負けた いえ世間に負けた……。

俺は自分も多少首を突っ込んだことがあるだけに、なぜ〈作詞〉で、〈作詩〉じゃないのか。誰が区別したのか。やっぱり〈詩〉なんだという自覚や愛情や気合いがなきゃいけないと思うのね。それは〽投げて長脇差 永の旅……で僕はいいと思う。立派な〈詩〉だと思う。まず何よりも数ですよ。あれは恐らく今まで何千万の人が歌ってますよ。だけど白秋であれ何んであれそんな数の人が詩を諳《そら》んじたか。

阿久 とにかく数というのは真実だとは思う。

久世 そうです。しかも滅びないで残っているんだから。あの歌を作った藤田まさとさんという人はもう死んじゃっていないけれど、やっぱりあの人は詩人だと思いますよ。ただこのごろは〈詞〉という言葉があってよかったと思うことが多いね。

阿久 これじゃだめだとみんな思っているよ、と言い始めてから十年経つ。

久世 ロック系にも布袋寅泰とか、あっ、何か戻りつつあると感じたりもしますけどね。

阿久 言葉は魅力あるものだと、作家が思うんじゃなくて客が思うようにならないとね。言葉自体への関心度がひどく希薄になっているから、ものを選ぶ時の条件に下手すると入らないということであれば、もうこのままだめになっていくかな。

久世 作り手はいるでしょう？

阿久 いるんです。でも受け手が声を出してくれないと、作り手にオーダーはないでしょうから。そうするとなくなってしまうかもしれない、言葉の歌は。ただ何かの地殻変動みたいなこと――僕らの経験した戦争のような事があれば言葉は動き出すかもしれない。

久世 終末待望論になっちゃう。

阿久 それでは困るわけで。やっぱりそろそろ言葉の時代だという揺り戻しはお客がやるしかないでしょうね。僕はその揺り戻しのパワーは二十五歳以上の人が小説を読み、レコードやCDを聴き、映画を観る習慣が身につけば大丈夫だと思う。特に男性がね。

久世　それはまったくテレビ、とりわけドラマでも同じことが言える。

阿久　その世代が買うことが分かれば、レコード会社は躊躇なく作りますね。

久世　「時の過ぎゆくままに」みたいな歌をもう一度聴きたいからね。

阿久　聴きたいし、作りたいね。

●——鼎談

小林亜星×阿久悠×久世光彦

歌謡界の御意見番が語る良い歌の定義
歌は世につれ、世は歌につれ。

阿久 六本木の僕の部屋から、全館丸ごと全部カラオケボックスというビルが見えるんだ。何だか居心地悪くてね。

久世 そりゃ不気味だな（笑）。

阿久 カラオケ的なものの影響で、人と歌とのつきあい方が、随分様変わりしてきたように思うんだけど……。

小林 変わったね、確かに。

阿久 自然に聴こえてくる歌に親しみ、なにげなく口ずさんで成り立っていたものが、聴こえてくるんじゃなくて、聴く作業になってきた。ヘッドホンなんかでね。それから口ずさむんじゃなくて、熱唱する時代になった。カラオケボックスで。

小林 それぞれみんな、勝手に気持ちよくなればいいと（笑）。

阿久 そう。本当は口ずさむところで止めておいてくれると、自然に他人にも伝わっていくから、歌がすごく長生きするんだけどね。熱唱することで自己完結してしまうと、歌が閉塞空間に閉じ込められてしまう……。今の音楽シーンはカラオケに支えられてる部分も大きいから、あんまり悪口いってもしょうがないけど、この風潮はもうちょっと何とかならないかと思うよ。

◇〈詞先〉か〈曲先〉か

久世　僕はカラオケはやらないんだ。一度だけ森光子さんと「昭和枯れすゝき」をデュエットしたことくらいしか記憶にない。恥ずかしいというのとは少し違って、人前でマイクをもって歌うというのがどうも自分の歌い方ではない気がするんだなあ。最近やたらと上手いやつが多くて、どうも面白くないっていうのもあるけど（笑）。

阿久　僕も絶対やらない。一回だけ歌ったら、帰りの車で吐いちゃった（笑）。よっぽど身体にあわないらしくて。鼻歌もめったに歌わない。風呂も黙って入る。

久世　そりゃまたかなり異常だよ（笑）。

阿久　そのくせ詞を書いてるときは、口には出さずに、頭の中で歌いまくってる。

久世　そうすると自然に口ずさんだりするんじゃない。

阿久　しないんだよ、何故か。

小林　やっぱり異常だね（笑）。

阿久　僕にとっては、歌は歌うものではなくて、生み出すものとして意識されているんだろうね。歌うことによって自ら表現してしまうと、ジャンルによって得手不得手ができてしまうから、それを本能的に避けているのかもしれない。

小林　僕は作曲の側だから、むしろ積極的に歌ってますね。歌わないと作曲が下手になっちゃうから。楽器じゃわからなくても歌ってみて初めてわかるニュアンスもあるしね。歌っていうのは中々に難しくて、音楽だと思うと間違いだし、詞だと思っても間違い。詞という文学性、メロディという音楽性、それから歌い手の演劇性、これらがうまく合わさったとき、初めていい歌が出来る。一つの側面からでは捉えきれないものだったはずなんですよ。ところが、最近ヒットしてる曲にはシンガーソングライターのものが多くなってきた。自分で作って歌ってアレンジもして。四十より若くて、作詞や作曲だけやってる人って、歌謡作家にはほとんどいないんじゃない。

阿久　確かに専門職じゃなくなってきてるね。聴き手のほうは、歌を聴いて、この作詞家、作曲家は誰だろうなんて気にしなくなってる。
小林　シャ乱Qっていうバンドが人気だけど、彼らの曲、あの中の誰が作ったか知ってる？
阿久　知らない。
久世　知らないね。
小林　そういう状況ですよ（笑）。
久世　阿久さんも言ってたけど、歌っていうのは、最初は自然に耳に入って、何となく覚えてしまうというのが根本だからね。誰が作ったのかというのは、あとから振り返ってみて気付くことだから、まあ自然なのかもしれない。
小林　われわれの業界で〈詞先《しせん》〉〈曲先《きょくせん》〉という言葉があるけど、本来は詞先が正しかったわけですよね。昔は〈詩〉と書いていたくらいだから。でもどっちかっていうと、今じゃ曲先のほうが主流でしょう。阿久さんみたいに器用だと両方できちゃうけど。
阿久　僕は曲先のほうが楽だった。
久世　ピンク・レディーは確か曲先だったよね。
阿久　そう。「ペッパー警部」だけは詞先であとは曲先。といっても僕が「サウスポー」とか「UFO」とかタイトルを決めて、そのイメージで曲を書いてもらって、戻ってきたところで詞をつけるというやり方。
小林　いま大人気の小室哲哉さんは、リズムから入ってるね。彼はダンス音楽にものすごく詳しい。ディスコへ通って、どんなリズムが受けてるかのリサーチもしてるはず。
阿久　これだけ売れてるってことは、彼が時代に受け入れられた証明なんだと思うけど、彼がプロデュースしているのは、作品そのものじゃなくて、むしろ風俗の部分なんじゃないかな。
小林　作品で純粋に心情を吐露するのとは、ちょっと違うかもしれないね。
阿久　まあ、僕自身もそうしてたところはあったけどね。ある意味で戦略は必要だから。
小林　シンガーソングライターって、詞と曲とどっちから先に作るんだろう。
久世　中村泰士が、細川たかしの「心のこり」を作曲したとき、作詞をなかにし礼に頼みにいってね、〽わたしバカよね〜おバカさんよね〜大切な大切な純情を〜ラララララ……ってアタマを歌っておいて、「あ、ゴメン礼ちゃん、でもこれ気にしないで作って」とやったらしい（笑）。でも、もうこの歌は生まれかかってるわけだから、少なくともアタマは変えようがなかった。

阿久 そりゃ困っただろうな（笑）。

久世 シンガーソングライターに限らず、自然に詞と曲が同時に生まれることはままあるね。

◇時代を象徴する歌

小林 世代によって歌への接し方が違うのは当たり前で、今の歌はよくわからんとハラたてたって仕方がないけど、昔は確かにいい歌がいっぱいあったよなあ。

久世 僕の持論は、とにかく自分が覚えられない歌はよい歌ではない、ということ（笑）。だから何百万売れていたって、僕が口ずさめない歌は少なくともよい歌ではないと自信をもって言い切れる。演歌だろうが、讃美歌だろうが。時代やジャンルも関係なく。

阿久 そういう感覚はよくわかる。

久世 世代が近いから。

小林 それでも阿久さんと僕は五歳ちがうんだよ。

阿久 戦争終わった時点でヨーイドンっていうことでは同世代ですよ。

小林 スタートラインが終戦なんだね。あの頃の歌で真っ先に浮かぶのは、やっぱり「港が見える丘」だね。あれを聴くと、すべてがひっくり返ったあとの頽廃、自由……そんな感覚が今でも胸に甦ってくる。あの表現はすごかった。

久世 「港が見える丘」は、よく聴いてみると、純愛の歌なんだ。〽あなたと二人で来た丘は……と歌っている女のキャラクターを分析すれば、とにかく純ですよ。

小林 ところが声はそうじゃない。あれこそ、当時のパンパン。

阿久 明らかにそうだね。昭和二十年代のあたまの女性歌手はみんなそれふうなんですよ。二葉あき子も菊池章子も頽廃的な低音で、かったるく歌ってた。

小林 笠置シヅ子も。

久世 奈良光枝もそうだね。

阿久　純情風な容貌ではあるけどね。「悲しき竹笛」や「赤い靴のタンゴ」にしても同じ。『三百六十五夜』という映画の中で二葉あき子が「恋の曼珠沙華」を歌うんだけど、これが暗い。あの時代でなきゃこの顔じゃ歌えないってほどはまってる。ところが、同じ頃の男は全部高音でカラッとしてる。岡晴夫の「憧れのハワイ航路」なんか、あんなに明るくていいのかというくらい（笑）。この恐ろしいまでの両極端の分岐点はどこにあったのか。プロデューサーがいて仕切った時代でもないのに。

小林　女子高生が援助交際だなんだっていう現在も頽廃ではあるけれど、頽廃の中の極致だね。援助交際じゃ歌になんないよ（笑）。あの頃は、どこからか自然に沸き起こった時代の心情が歌に宿ってた。

阿久　それから、戦時中はいかがわしいということで封印されていた歌にも妙にいいのがあった。ヤクザが主人公だったり。

久世　「勘太郎月夜唄」もそうだったな。

小林　「湯島の白梅」ね。

阿久　「裏町人生」なんて発禁だからね。〽心うつろな鬼あざみ……なんて言葉に惹かれたな。

小林　「お使いは自転車に乗って」が好きだったんだけど、戦時中は歌ってると先生にひどく怒られた。

久世　あれは轟夕起子の『ハナ子さん』っていう映画の主題歌。やけに明るい歌だった。

小林　あと反戦的な替え歌に面白いのがあったでしょう。〽山の淋しい湖に　一人来たのも悲しい心……。服部良一先生の「湖畔の宿」のフシで、〽ハチに刺されて名誉の戦死　豚の母さん悲しかろ……なんて。

阿久　それ、今度の僕の映画にも出てくる。別バージョンだけど。〽タコの遺骨はいつ帰る　骨がないから帰れない……っていうの。

久世　僕が知ってるのは　〽豚の遺骨はいつ帰る……だった。

阿久　あの頃、音楽の授業なんてほとんど無きに等しい状態だったでしょう。僕ら表向きには軍歌しか知らないはずなのに、共通の歌を体験しているっていうのは、考えてみれば不思議な話だね。

小林　時代体験の中に、歌が重要な要素としてあったからね。でも、今は時代の様相をうまく表現している歌がない。バブルがはじけて景気がわるくて、今ちょっと暗い時代なはずでしょ。そんな歌聴いた？

阿久　ニーズが違う方向へいってるんだろうね。カラオケでガンガン歌って、ディスコでガンガン踊って、とりあえず現実を忘れて元気になろうって曲が流行ってるわけだから。

小林　それじゃ何も解決しないのに。

阿久　だから、本当はそのあと家に帰って独りになってからの歌が必要なんだと思う。

小林　今の若い人は独りになることを恐れるんだよね。独りはカッコ悪いと思ってるらしい。

阿久　僕が今考えてるのは「不良ＯＬの歌」（笑）。都会で独りでしっかり生きてる女の人が、自分の部屋へ帰ってドアを開けた時にふと口ずさみたくなるような――。

久世　そういう歌がないと、彼女たちも困るんじゃないの。まあ余計なお世話だろうけど（笑）。

阿久　あと不思議なのは、みんな「がんばれ」っていう言葉は嫌いだって言うわりに、「がんばれ」って内容の歌が多いんだよね。この矛盾はなんだろう。

小林　あげくの果てには「がんばれ」が「がんば」になっちゃって（笑）。

久世　がんばってうまくいくのなら、楽だけどね。がんばると疲れるよ（笑）。

阿久　「元気」「大丈夫」っていうのも多いよ。どうもみんな同じ方向へいきたがるらしい。

久世　僕自身はわりと楽観してるんだけどね。実際、まわりの若い連中を見てみると、少数派ではあるけどカラオケで古い演歌なんか歌ってるやつがいる。そういうやつは、やっぱりどこか演歌が似合うんだよ（笑）。映画やドラマで、主人公が登場すると入るテーマ音楽があるよね。誰もみんな、自分の人生の伴奏音楽っていうのを探してるんだと思う。

阿久　折々の歌を――。

久世　たとえば、女を買いにいって当たりが悪かった帰り道には、こういう歌がぴったり、とか。

小林　なんだか具体的すぎるな（笑）。

久世　たとえばの話さ（笑）。

小林　女の子と自転車に乗って楽しかったら「青い山脈」くらいにしておこうよ（笑）。

◇歌詞の今・昔

小林　戦後ってことでいえば、僕は「東京ブギウギ」だな。当時はジャズやってたから、なんだこれブギウギになってねえぞ、なんて思ってたけど、今考えるとすごい曲なんだね。一種の革命だったよ。

久世　ブギなんて、あれで初めて聴いたんだから（笑）。

小林　あっけらかんとした、ヤケクソなところが焼け跡にぴったりだった。笠置シヅ子を観に、日劇まで行きましたよ。

阿久　黒澤明監督の『酔いどれ天使』の中で延々と「ジャングル・ブギー」を歌ってたのもよかったね。それからブギといえば岡晴夫の「東京の花売娘」。あの歌は進駐軍と広重が同居してる大胆な歌だった。

久世　昔は歌本なんてなかったし、レコードだって買わないから、聴こえてくるものをただ受け入れてた。

阿久　そういうこと、よくあったよね。これは『瀬戸内少年野球団』に書いたけど、〽訪ね来たりし信濃路を……（「高原の旅愁」）というのがあって、メロディでは「たずねき・たりし」になってる。「たずねき」も「たりし」もわからない（笑）。

小林　山口瞳さんの奥さんは「有楽町で逢いましょう」の〽濡れて来《こ》ぬかと気にかかる……のところを、小糠《こぬか》のような雨が木にかかっているんだと思ってたんだって（笑）。でも、わかんなくてもいいっていう部分はありますよ。

久世　〈オイルのコート〉がわからなかったな。

阿久　〽縞のジャケツにオイルのコート……「雨のオランダ坂」だね。確かに謎だった。

小林　油で防水してあるコートってことだろうけど……。

久世　ガバガバで裾が長めで、雨の中で労働するために使うようなやつだよ。でもそうすると、足元は長靴ってことになる。ヒーローの格好じゃないよね。

阿久　あれは粋な歌でしょ。影を背負ったヒーローの歌なんだから。イメージが少し違ってくるなあ。

久世　だからね、突き詰めて考えるとおかしな詞なんだ。もともと頭の中にあった情景が崩れてくる。

小林　なるほど奥が深いね。

阿久　でも、あの頃の歌は、ディテールは曖昧でも、何を歌っている歌なのかってことはちゃんとわかった。わかるよう、に作っていたからね。ところが最近のはどこかに無理がある。一番は三・四なのに、二番は四・三になってたりするのがある。へたすると五・二になったり。

小林　一番と二番の字数が全然違ってても平気。歌えればいい。

阿久　作り手と歌い手が一緒だから「先生、歌いにくいですよ」っていうのがない。一番すさまじいのはドリームズ・カム・トゥルーの「晴れたらいいね」だな。

小林　あ、あれはすごい。

阿久　まず聴きながら書き取ってみて、後で歌詞カードを見たら、全然違ってるんだ。なにしろ言葉のフレージングとメロディのフレージングが全然違ってるから。

久世　そのグループのことをよく知らないから、話す資格ないんだけど、詞の中に英語が無節操に入ってきてるのも要因のうちだろうね。タイトルも英語が多いし。大抵中学英語程度のたいした英語じゃないんだけどね（笑）。あと、作詞家が原稿用紙に縦書きするか横書きするかの違いもかなり影響してると思う。今の歌本は全部横書きになってるけど、縦書きから移行していった時期を調べると何か見えてくるかもしれない。

小林　言葉尻なんかをわざとはっきり発音しないで歌うのも流行ってる。聴いてる方がわかんなくても、歌詞カード見ればわかるからいいんだってさ。テレビにもテロップが出るし、みんなだんだん歌詞を覚えなくなってくるね。

阿久　歌手も覚えなくなった。最近のコンサートなんて歌ってないのが結構あるよ。ロパクが増えた。

小林　昔に比べて歌詞の量が増えてるしね。三倍近くはある。

阿久 四行詞で三番まで書いたって十二行。でもピンク・レディーの頃なんて原稿用紙で三、四枚になってたからなあ。

小林 長い歌詞のはしりはやっぱりピンク・レディーか。とすると阿久さんの罪は結構重いな（笑）。

阿久 A級戦犯っていわれてるよ（笑）。

久世 新しいものは、国を亡ぼすものとして警戒されるから（笑）。

小林 阿久さんの詞は、一種の革命だったからね。あれ以前は革命を起こせなかった。グループサウンズが大流行してた頃でさえ、長髪はNHKのテレビに出られなかったんだから。

阿久 髪が長くなかったから、ブルー・コメッツだけは出られたんだ。

小林 だから堺正章が紅白の司会をやった時、「僕たちが一番売れてる頃でさえ出していただけなかったのに、こうして司会をしているんですから感無量です」って言ってウケてたよ。

阿久 彼らも一種の不良と見られていたわけだ。

今にしてみればカワイイもんだけど（笑）。

◇不良の歌の最高傑作

久世 不良願望というのは、いつもあったな。僕は不良になりきれない半端者だったけど（笑）。

阿久 時代時代によって不良の意味も微妙に違うけど、歌の中に〈不良〉のエッセンスがひそんでいると面白くなる。

小林 不良の歌としては、阿久さんの「ざんげの値打ちもない」は最高だったね。すごいインパクトだった。

久世 あれは本物の不良が書いたと思ったな。実物の阿久さんを見て、ちょっと安心したけど（笑）。

小林 でもあの頃の阿久さんはもっとコワイ顔してたよ（笑）。

阿久 僕もあの頃までは、それなりに苛立っていたわけです（笑）。

久世 〈ざんげ〉という言葉が新鮮でね。なにか西洋の物語のような気がして。

阿久 そのつもりで書いたんだ。

久世　でも、歌ってて浮かんでくる絵は最後の不良の時代というか――。
小林　ズベ公だよね。
阿久　藤田敏八の映画『八月の濡れた砂』の中で、教会でジンタふうにオルガンを弾く印象的な場面があって、そこからイメージが膨らんでいったんだ。
小林　とてつもなく売れたわけではないのに、みんなの心に残ってる歌だね。レコードジャケットが上村一夫のイラストで、妙にあの歌にマッチしてた。
阿久　あの時、歌っていうのは面白いなって思ったのは、大勢のイラストレイターが、あの歌を絵にしてみたいといって送ってきたんだ。見ると、こっちは西洋のイメージで書いてるのに、届いた絵は、四畳半、裸電球、積み重なったラーメンの丼……。
久世　俺でもそう描いたと思うよ。
小林　俺もそうだろうな。
久世　四番の教会のシーンはカットだな（笑）。
阿久　そうか……。あれは四番の前に、刑務所から月を見ているシーンもあったんだけど、さすがに長すぎるし、蛇足かなと思ってカットしたんだ。
久世　臭いメシ食ってたんだ。
阿久　うん……。
小林　そうか、知らなかった……。
阿久　おかしかったのは、取材に来た記者が、僕のことを前科者だと思い込んでたんだよね。
小林　やっぱりコワイ顔してたんだよ（笑）。

◇自然発生への回帰

小林　昭和三、四十年あたりで、他になにか挙げておきたい歌はある？
阿久　僕は「黒い花びら」が印象深かった。大きな感銘を受けたというのとはちょっと違って、あの歌の感性がひどく身近に感じられて、ああこれなら俺も歌が書けるかもしれない、と思ったから。
久世　理屈は抜きにして、「東京ドドンパ娘」だな。タラ〜ラ・ラララ、スッタンタン。いい加減な歌詞なんだけどね（笑）。昭和三十五年にTBSの演出部に配属されて、新人の激励会で連れていかれた浅草の飲み屋でこの歌がどうしてか一晩鳴っていてね。来し方を振り返ると、必ず「東京ドドンパ娘」が聴こえてくる。その晩の歌が別の歌だったら、人生変わっていたかもしれないな。

小林　僕は「別れの一本杉」かな。演歌は大嫌いだったんだけど、あれを聴いて結構なもんだなと思い直したくらいだから。一億総中流の時代に、忘れてしまった大衆の恥部が「演歌」の中に歌われていて——。

ただ、いわゆる演歌を、もう「演歌」と呼ばなくてもいいんじゃないかという気はしてる。今、演歌のシェアはレコードの総売上の一～二パーセントしかない。はっきり言って大ピンチなわけ。それなのにカラオケで誰もが歌えるような、一小節弾いたら次がわかっちゃう単純な節の歌しか出てこない。これは演歌というジャンルが疲弊してる証拠だね。新しいものが出ないんじゃ、そりゃ衰退するよ。

阿久　演歌であろうとなかろうと、作家自身が疾《やま》しい歌を作ってたんじゃしょうがない。

久世　そのうちに、自然発生への回帰があるんじゃないかと思う。たとえば「満人娼婦の唄」とか監獄ソングとか、作者不詳の歌は自然に生まれたものだけど、ああいうのにはシビれるのが多かった。〽上がるの帰るのどうするの　早く精神決めなさい……なんていうやつ。今じゃみんな放送禁止だろうけど。

阿久　そこで〈精神〉っていうのは、ふつう出てこない（笑）。

久世　〽決めたら下駄持ってあがんなさい……、こういうのはやっぱり自然発生でしょう。

小林　〽わたしゃ廓に咲く花……とかね。どこかで自然に耳にした歌だよ。

阿久　喧嘩歌みたいなものも沢山あったな。おまえの亭主はケチだとか、相当ひどいことを延々と掛け合いで——。アメリカのラップはまさにそういうものなんだけど、今もちゃんと残ってる。

久世　そういうの、亜星さんは詳しいんだ。いろいろ教えてもらった。

小林　いやいや、野坂昭如さんのほうが詳しいよ（笑）。

久世　しばらくそういう作者不詳、放送禁止っていうのを漁ってみようかと思ってね。一種、歌の根源みたいなものだから。

小林　四十年代になると、もうわれわれはこの世界で食ってたからね。

久世　阿久さんはレコード大賞はいくつ取ったんだっけ？

◇甦れ、レコード大賞

阿久　五回かな。レコード大賞作詞賞が七回。

小林　取りすぎだよ（笑）。

阿久　童謡賞、企画賞っていうのもあった。

久世　亜星さんが作曲の「ピンポンパン体操」が童謡賞か。

阿久　あの時は童謡賞じゃなくて大賞が欲しいって思ってたんだけどね。

小林　四十年代はレコード大賞の黄金時代だね。四十六年は特にすごくて、まず大賞は尾崎紀世彦の「また逢う日まで」。これは阿久さんの作品。で、対抗馬もすごいんだ。五木ひろしの「よこはま・たそがれ」と加藤登紀子の「知床旅情」だもん。

久世　どれが取ってもおかしくない。

小林　そう。これは盛り上がりますよ。

久世　僕はあの頃、仕事抜きにして毎年レコ大が楽しみだったなあ。ファンとして客席で観てたからね。四十七年にちあきなおみが「喝采」で取った頃までは毎年通ってた。阿久さんと小林さんのコンビで取った「北の宿から」は何年だっけ？

阿久　あれは五十一年。

久世　あの頃は「北の宿から」の作詞は阿久悠だ、作曲は小林亜星だ、と日本中の人々が知っていたでしょう。このごろはみんな誰の作品かなんて興味ないからね。

阿久　最初の頃の作詞賞なんて、ご近所から何から大騒ぎだったのに、最近じゃ親戚からも電話かかってこない（笑）。

久世　これは声を大にして言いたいんだけど、僕だって平成五年にレコード大賞もらってるんだから（笑）。昔やっぱり憧れてたからさ。もらった時に誰も知らなくて寂しかったよ。

小林　何かこう、みんなで歌を分かちあうというか、そういう感じをもう一度味わいたいな。

久世　日本人の根っこが欲してる歌が必ずあるはずだから、それを探すための手だてを、多くの作り手が示していけば——。

小林　いま氾濫しているのは、歌いたい歌じゃない。コンビニエンス・ソングはいらないんだ。

久世　思えば、美空ひばりのヒットソングは、歌える歌だった感じがする。

阿久　僕はひばりと同年の生まれなんだけど、同世代だけが持つコンプレックスにも似た感情があってね。まぶしすぎて直視できなかったようなところがあるけど……。印象に残ってるのは、〽右のポッケにゃ夢がある、左のポッケにゃチュウインガム……。「東京キッド」か。

久世　〽もぐりたくなりゃマンホール……。バカみたいだけど気持ちいいよね。

阿久　〽空を見たけりゃビルの屋根……。

小林　いいね。「スターダスト」とか、ひばりのジャズもいいですよ。

阿久　アナーキーっていえばアナーキーなんだけどさ。

小林　そういう日本の大衆が本当に愛してる歌を、常に聴ける場所があるといいんだがな。伝統芸能もいいけど、日本大衆の歌は、絶対に世代を越えて心に滲みるはずなんだから。

久世　聞こえて久しいけど、もうそろそろ、いい歌が出てくるはずだよ。

阿久　僕はね、去年の暮れにひと月で百曲書いた。歌手を考えない書き下ろしを。本当にもう衝動的に——。

小林　そりゃすごいな。

久世　やっぱり自然発生への回帰のようなものがあったのかな。

阿久　うん、あったんだと思う。今やらなけりゃ何時やるんだ、と思えたから。

小林　その百曲の中に、僕たちの求めている、本当の意味でのいい歌が見つけられそうだね。

阿久　期待しててよ（笑）。

同世代の感慨

阿久 悠

「阿久さんの親分がブランコを漕いでいる。そこへ、なかにし礼の刺客がやって来て刺す。こういう役どう？」

「ことわるよ」

久世光彦が死んだ。それは得難い人を失ったということより、もっともっと切実な、ぼくの中の貴重な証人に突然去られた思いで、ぼくもまた一部死んだのである。

そう、久世光彦は最大の証人だった。ぼくもまた、彼の証人だった。

昭和二十年八月十五日を八歳とか九歳とかで迎えた少年は、滅びるでもなく、生まれるでもなく奇妙な間《はざま》の世代で、お互い同士でしか理解し難い特異性を持っていて、それを何らかのアイデンティティとするには、相互証人の立場を取るしかなかった。

久世光彦から、あんたは証人だと言われたことはなかったが、言われなくてもわかった。なぜなら、ぼくは証人を探してこの仕事の世界へ入って来たのであるから、雑踏の中で宇宙人が宇宙人を認識するように、霊能的にわかったのである。

八歳、九歳、いや十歳、そのあたりで歴史の活断層を跨いだ少年は、少年ではあるが子供ではなかった。子供をスキップしてかなり皮肉な面もある大人になり、それからの数年間は子供を演じて抹殺を免れた。

信じられないだろうが、ぼくらは史上稀な、少年が虚無を感じた世代である。生きるには子供ぶるしかない。そして、大人びた心をひた隠して子供ぶる。しかし、それだけでは自己証明がし難く、証人探しをしていた。

中学、高校、大学、証人はいるようでいなかった。同じ年齢、同じ環境で成長していながら、お前は何者だと証明してくれる人には出会わなかった。

三十過ぎて、この世界へ入って、やっと証人が見つかった。吹き寄せられたように何人もいて、久世光彦もその一人であり、最大のと言ってもいい。証人を得たことで、僕の人生は突然自信に満ちて回転し始め、五千篇もの歌の詞を書いた。生きることに安心したのだ。これはぼくの側からの思いであるが、おそらく久世光彦にとっても同じ思いがあった筈である。

「素人を役者として使うのはね、早い話、上野では博物館より動物園の方が面白いってことですよ」

久世光彦の父は職業軍人であった。ぼくの父は田舎の警察官であった。まあ、そうでなくても当時はすべて軍国少年であったが、家の環境がそれだから、間違いなく筋金入りであった筈である。

その軍国少年は、国どころか父親まで否定されるのを見て、敗戦以上に大きな黒点を胸に抱くことになる。そして、子供を捨てて隠れ大人になる。

子供の顔をした大人は、虚無の中で救いのように流行歌を愛した。不良と頽廃がほどよい分量で盛られていて、昨日までと違う一つの時代を感じさせたのである。堂々としていなくて、日蔭者でありながら、ちゃんとラジオの中でも認知され、存在しているのがよかった。

二人とも流行歌について実に詳しかった。歌詞が気になった。聴き取れない箇所があると、レコード店で歌詞カードを盗み見て書き写した。その種のエピーソードを語ると、富山と淡路島と別の処にいたにも拘《かかわ》らず、一緒に行動したかのように思えるのである。

作詞家を志すとか歌手に憧れるとかの思いは欠片《かけら》もないにも拘らず、時代の中で数少ない快感として、流行歌の言葉を愛した。どの歌のどの文句——フレーズをこういう呼び方をした——を記憶し、大切にしているかで、感性の確認をし合ったのである。

そう、ぼくらの世代は、流行歌の断片や映画の一場面がＩＤカードであったり、パスワードであったりして、これは心を開ける、ともにいい仕事も出来ると判断する異星人のような存在だった。だから、どうしても、お互いに証人となる必要があった。

虚無という深刻な黒点を抱えているわりには、お互いを確認するパスワードはおよそ深刻さのないもので、外から見ている分には呑気な世代と言われそうなものだった。稚気のふりをする。

たとえば、流行歌「雨のオランダ坂」の一節の、〽縞のジャケツに　オイルのコート……の、オイルのコートとは何ぞやと悩んだとか、「夢淡き東京」の、〽かがやく聖路加か……が、ラジオで聴いただけでは、カガヤクセイロカカでさっぱり意味不明であったとか、もうそれだけで同質に思えたのである。

また、ぼくが『瀬戸内少年野球団』を書いた時、「小沼丹の『村のエトランジェ』と並んで〈疎開小説〉の傑作であった」と言ったのも久世光彦で、そのことでも同じ反応板を持つ人として信じた。

「沢田研二の主演なら、『怪傑ゾロ』をやらせたいね」
「ゾロは茶の間じゃ駄目」
「それなら、三億円犯人だ」

そんなことで知り合ってから三十数年、多くの仕事を一緒にした。大抵は彼のテレビドラマのための歌を作るということであったが、それは表面上のもの、お互いがお互いを語ったり書いたりすることを積極的にやり、それこそ相互証人を務めていた。そのことによって少なくともぼくは、自分の姿や存在や価値を確認することが出来た。

その一方の証人が突然いなくなったのである。いなくなった本人はたぶん「大成功」と思っているかもしれないが、IDカードを見せ合う相手を失ったぼくは、それはないよと言いたい気持ちになっている。

大成功とは、あらかじめ予告された死を、八歳、九歳、十歳の時から抱えていたということで、夭折願望といった糖衣をくるんで持ち歩き、いつ嚥《の》むか、まだ嚥まなくても恥にならないかと思いつづけた、可愛気のない子供たちの果てであったからである。

さて、久世光彦について、多くの人が多くのことを実に饒舌に語りつづけている数日の中にあって、この文章を書くには決心がいる。いまさら久世光彦と昭和を書いてもどうかと思うし、美文を賞讃しても当たり前に過ぎる。ダンディズムも当然のことで、ぼくらは照れに身悶えしながら、心をせめてもの真実として競い合い、ぼくが描く美意識の歌を手放しで賞めてくれた。そのお返しは同じ分量でぼくの方からも出せる。

ピー缶とスニーカー

通称ピー缶
両切りピースの缶入りを鷲摑みにして
スニーカーでヒタヒタと歩く
いや　足音がしなかったたな
足音が思い出せない
まあ　せめて
フィルター付きを喫《す》いなさいよ
そんなふうに思っている
気障か　気取りか
当方　ラーク

フィルターに活性炭まで入っている
臆病者め　そう思っているか
まあ　どっちもどっち
気取りつづけりゃ
それが地になる
ピースを深々
ラークをスパスパ
五十歳まで生きるかなあ
そんなに生きてどうするの
ハハハハハ……
よろしく　阿久悠です
よろしく　久世光彦です

初出一覧

I

阿久悠の向うに海が見える　阿久悠著『おかしなおかしな大誘拐』（集英社文庫）解説　一九九〇

時　代　阿久悠ＣＤ全集『移りゆく時代、唇に詩』　一九九七

不良の時代　「週刊現代」一九九五、『ニホンゴキトク』（講談社、一九九六、以下同）

文　句　同　＋「東京新聞」二〇〇〇・一〇・二七

骨まで愛して　「日本経済新聞」一九九八・一一・一〇

林　檎　「週刊現代」、『ニホンゴキトク』

文語文　同

うすなさけ　同

さよなら　同

幌馬車の唄　『日本のうた３００』（講談社）一九九七

八月のラスト・ソング　「正論」一九九六・一〇月号

しゃぼん玉　「東京新聞」二〇〇〇・一〇・一三

港が見える丘　「日本経済新聞」一九九八・一二・一

プカプカ　「文芸ポスト」二〇〇四・夏号

少女小説　「日本経済新聞」一九九八・一二・二三

高橋クミコの唄　「週刊朝日」一九九七・一一・七号

II

幻の声・亡びの唄　「クラブ・マガジン」二〇〇〇・一二月号
夢ん中　「週刊現代」、『ニホンゴキトク』
詩人の魂　なかにし礼アンソロジー『昭和　忘れな歌』二〇〇四
リンゴの唄と戦後の青空　「文藝春秋」二〇〇五・二月号、『嘘つき鳥』（幻戯書房、二〇一四、以下同）
桃と林檎の物語　第二十八回日本作詩大賞受賞の言葉（市川睦月）
半分の月　「家庭画報」二〇〇〇・七月号
懐かしの〈三大小径〉　「オール讀物」二〇〇六、『遊びをせんとや生れけむ』（文藝春秋、二〇〇九、以下同）
読み人知らず　「オール讀物」二〇〇五、『遊びをせんとや生れけむ』
銀　座　「セブンシーズ」二〇〇三・一二月号、『嘘つき鳥』
里わの〈わ〉　「新・調査情報」一九九六、『遊びをせんとや生れけむ』

特別附録

インタビュー　「エキスパート ナース」一九九五・九月号
対談　阿久悠×久世光彦　「新刊ニュース」一九九九・九月号
鼎談　小林亜星×阿久悠×久世光彦　「オール讀物」一九九七・三月号
同世代の感慨　阿久悠　「オール讀物」二〇〇六・八月号

わ

「別れても」二葉あき子〔詞・藤浦洸　曲・仁木他喜雄〕 106
「別れの朝」ペドロ&カプリシャス〔詞・フックスバーガー　曲・ユルゲンス
　訳詞・なかにし礼〕 22, 93
「別れの一本杉」春日八郎〔詞・高野公男　曲・船村徹〕 195
「別れのタンゴ」高峰三枝子〔詞・藤浦洸　曲・万城目正〕 138
「別れ船」田端義夫〔詞・清水みのる　曲・倉若晴生〕 10-12, 14, 108
「私の心はヴァイオリン」越路吹雪〔原詩・リシュパン　詞、曲・ラパルスリ
　訳詞・岩谷時子〕 64
「円舞曲（ワルツ）」ちあきなおみ〔詞・阿久悠　曲・川口真〕 19

「夢淡き東京」藤山一郎〔詞・サトウハチロー　曲・古関裕而〕 156, 201
「夢みる想い」ジリオラ・チンクエッティ〔詞・サレルノ　曲・パンツェリ〕 47
「夢ん中」小林旭／坂本冬美〔詞・阿久悠　曲・森田公一〕 17, 25, 86-88

「よこはま・たそがれ」五木ひろし〔詞・山口洋子　曲・平尾昌晃〕 196
「夜のプラットホーム」二葉あき子〔詞・奥野椰子夫　曲・服部良一〕 106

ら

「落日」小林旭〔詞・川内康範　曲・北原じゅん〕 32
「ラバウル海軍航空隊」灰田勝彦〔詞・佐伯孝夫　曲・古関裕而〕 109

「リトル・ブラウン・ジャグ（茶色の小瓶）」グレン・ミラー楽団〔曲・ウィナー〕 179
「リリー・マルレーン」マレーネ・ディートリッヒ〔詞・ライプ　曲・シュルツェ　訳詞・小谷夏〕 161-163
「リンゴ追分」美空ひばり〔詞・小沢不二夫　曲・米山正夫〕 36
「林檎殺人事件」郷ひろみ、樹木希林〔詞・阿久悠　曲・穂口雄右〕 182
「リンゴの唄」並木路子〔詞・サトウハチロー　曲・万城目正〕 36, 95-98, 106, 108, 177
「林檎の木の下で」ディック・ミネ／おおたか静流〔詞・ウィリアムズ　曲・アルスタイン　訳詞・柏木みのる〕 37-39, 80
「リンゴ村から」三橋美智也〔詞・矢野亮　曲・林伊佐緒〕 36

「流転」上原敏〔詞・藤田まさと　曲・阿部武雄〕 32, 177

「ロック・アラウンド・ザ・クロック」ビル・ヘイリー＆ヒズ・コメッツ〔詞、曲・フリードマン、マイヤーズ〕 180

「港が見える丘」平野愛子〔詞、曲・東辰三〕 13, 59, 64-66, 81, 97, 106-108, 113, 115, 172, 176, 188
「港です女です涙です」秋庭豊とアローナイツ〔詞・山口洋子　曲・徳久広司〕 100
「港に灯りのともる頃」柴田つる子〔詞・藤浦洸　曲・平川英夫〕 14, 106, 177
「未練の波止場」松山恵子〔詞・松井由利夫　曲・水時富士夫〕 30
「みんな夢の中」おおたか静流〔詞、曲・浜口庫之助〕 80

「昔の名前で出ています」小林旭〔詞・星野哲郎　曲・叶弦大〕 26
「無言坂」香西かおり〔詞・市川睦月　曲・玉置浩二〕 100, 171, 187
「胸の振子」霧島昇〔詞・サトウハチロー　曲・服部良一〕 109
「村の鍛冶屋」唱歌〔不詳〕 34

「明治一代女」市丸〔詞・藤田まさと　曲・大村能章〕 26
「メケ・メケ」丸山臣吾〔詞・C.アズナヴール　曲・G.ベコー〕 137

「紅葉(もみじ)」唱歌〔詞・高野辰之　曲・岡野貞一〕 151, 157
「桃と林檎の物語」美山純子〔詞・市川睦月　曲・三木たかし〕 29, 100
「森の小径」灰田勝彦〔詞・佐伯孝夫　曲・灰田有紀彦〕 109-111, 113
「森の水車」〔アイレンベルク作曲〕 28, 104

や

「八九三無情」大川栄策〔詞・秋月ともみ　曲・古賀政男〕 125

「UFO」ピンク・レディー〔詞・阿久悠　曲・都倉俊一〕 187
「有楽町で逢いましょう」フランク永井〔詞・佐伯孝夫　曲・吉田正〕 191
「雪」猫〔詞、曲・吉田拓郎〕 85
「湯島の白梅」小畑実、藤原亮子〔詞・佐伯孝夫　曲・清水保雄〕 171, 189
「湯の町エレジー」近江俊郎〔詞・野村俊夫　曲・古賀政男〕 110

「ピンポンパン体操」〔詞・阿久悠　曲・小林亜星〕 196

「プカプカ」西岡恭蔵〔詞、曲・西岡恭蔵〕 67-70
「府中エレジー」大川栄策〔詞・秋月ともみ　曲・坪内いさむ〕 125
「舟歌」八代亜紀〔詞・阿久悠　曲・浜圭介〕 171
「冬景色」唱歌〔不詳〕 152
「フランチェスカの鐘」二葉あき子〔詞・菊田一夫　曲・古関裕而〕 110
「故郷(ふるさと)」唱歌〔詞・高野辰之　曲・岡野貞一〕 152, 157

「ペッパー警部」ピンク・レディー〔詞・阿久悠　曲・都倉俊一〕 187

「ほおずき」グレープ〔詞、曲・さだまさし〕 71
「何日君再来(ホーリーチュンツァイライ)」おおたか静流〔詞・貝林　曲・晏如〕 80
「星影の小径」小畑実〔詞・矢野亮　曲・利根一郎〕 81
「星の流れに」菊池章子〔詞・清水みのる　曲・利根一郎〕 13, 97, 113, 175
「ボタンとリボン」ボブ・ホープ〔詞・エヴァンス　曲・リビングストン〕 178
「北帰行(ほっきこう)」小林旭〔詞、曲・宇田博〕 41, 53
「骨まで愛して」城卓矢〔詞・川内康範　曲・北原じゅん〕 33
「幌馬車の唄」〔詞・山田としを　曲・池田不二男(原野為二)〕 56
「本牧メルヘン」鹿内孝〔詞・阿久悠　曲・井上忠夫〕 16

ま

「マウイ・ワルツ」灰田勝彦〔詞、曲・モーク　訳詞・永田哲夫〕 114-115
「また逢う日まで」尾崎紀世彦〔詞・阿久悠　曲・筒美京平〕 86, 180, 196
「街の灯り」堺正章〔詞・阿久悠　曲・浜圭介〕 18, 182
「真夜中のヒーロー」郷ひろみ〔詞・小谷夏　曲・筒美京平〕 99
「満人娼婦の唄」→ 異人娼婦の唄 75, 195

「三日月娘」藤山一郎〔詞・藪田義雄　曲・古関裕而〕 172

「長崎物語」二葉百合子〔詞・梅木三郎　曲・佐々木俊一〕 81, 172
「啼くな小鳩よ」岡晴夫〔詞・高橋掬太郎　曲・飯田三郎〕 106
「なげやり小唄」大川栄策〔詞・秋月ともみ　曲・好田忠夫〕 125
「夏は来ぬ」唱歌〔詞・佐々木信綱　曲・小山作之助〕 152
「涙から明日へ」堺正章〔詞・小谷夏　曲・山下毅雄〕 99

「任俠観音菩薩」水城一狼〔詞・水城一狼、矢野亮　曲・水城一狼〕 131
「人形の家」弘田三枝子〔詞・なかにし礼　曲・川口真〕 22

「練鑑ブルース」〔不詳〕 127

「能登半島」石川さゆり〔詞・阿久悠　曲・三木たかし〕 19

は

「ハイケンスのセレナーデ」〔ハイケンス作曲〕 59
「箱根八里の半次郎」氷川きよし〔詞・松井由利夫　曲・水森英夫〕 29-30
「羽衣」謡曲〔不詳〕 154
「花一輪」藤竜也〔詞・小谷夏〕 99
「花の歌」〔ランゲ作曲〕 154
「花挽歌」香西かおり〔詞・市川睦月　曲・三木たかし〕 100
「春が来た」唱歌〔詞・高野辰之　曲・岡野貞一〕 157
「春の海」〔宮城道雄作曲〕 14
「春の小川」唱歌〔詞・高野辰之　曲・岡野貞一〕 157
「晴れたらいいね」Dreams Come True〔詞、曲・吉田美和〕 192
「Hello, my friend」松任谷由実〔詞、曲・松任谷由実〕 25

「人の気も知らないで」由利あけみ〔詞、曲・ゾカ、オーブレ　訳詞・門田ゆたか〕 38
「ひとりじゃないの」天地真理〔詞・小谷夏　曲・森田公一〕 99, 171, 182

「津軽海峡・冬景色」石川さゆり〔詞・阿久悠　曲・三木たかし〕 19
「月がとっても青いから」菅原都々子／おおたか静流〔詞・清水みのる　曲・陸奥明〕 80
「月の砂漠」唱歌〔詞・加藤まさを　曲・佐々木すぐる〕 81
「月よりの使者」竹山逸郎、藤原亮子〔詞・佐伯孝夫　曲・佐々木俊一〕 138
「妻恋道中」上原敏〔詞・藤田まさと　曲・阿部武雄〕 26, 177

「手紙」由紀さおり〔詞・なかにし礼　曲・川口真〕 32
「テネシー・ワルツ」パティ・ペイジ／江利チエミ〔詞・R.スチュワート　曲・P.W.キング〕 81, 178-179
「天国に結ぶ恋」徳山璉、四家文子〔詞・柳水巴（西條八十）曲・林純平〕 31

「東京キッド」美空ひばり〔詞・藤浦洸　曲・万城目正〕 197
「東京ドドンパ娘」渡辺マリ〔詞・宮川哲夫　曲・鈴木庸一〕 171, 194-195
「東京の花売娘」岡晴夫〔詞・佐々詩生（門田ゆたか）　曲・上原げんと〕 13, 38, 106, 108, 156, 174, 191
「東京の屋根の下」灰田勝彦〔詞・佐伯孝夫　曲・服部良一〕 112
「東京ブギウギ」笠置シヅ子〔詞・鈴木勝　曲・服部良一〕 191
「東京ラプソディー」藤山一郎〔詞・門田ゆたか　曲・古賀政男〕 38
「峠の我が家」アメリカ民謡〔曲・ケリー〕 114
「討匪行」藤原義江〔詞・八木沼丈夫　曲・藤原義江〕 75
「時の過ぎゆくままに」沢田研二〔詞・阿久悠　曲・大野克夫〕 87, 181-182, 184
「栃木子守唄」大川栄策〔詞・秋月ともみ　曲・好田忠夫〕 126
「とても不幸な朝が来た」黛ジュン／坂本冬美〔詞・阿久悠　曲・中村泰士〕 86

な

「長崎の鐘」藤山一郎〔詞・サトウハチロー　曲・古関裕而〕 138

「知床旅情」加藤登紀子〔詞､曲・森繁久彌〕 196
「白い蝶のサンバ」森山加代子〔詞・阿久悠　曲・井上かつお〕 86
「白い船のいる港」平野愛子〔詞､曲・東辰三〕 66
「新雪」灰田勝彦〔詞・佐伯孝夫　曲・佐々木俊一〕 109

「鈴懸の径」灰田勝彦〔詞・佐伯孝夫　曲・灰田有紀彦〕 109, 111-113
「スターダスト」美空ひばり〔詞・パリッシュ　曲・カーマイケル〕 197
「昴(すばる)」谷村新司〔詞､曲・谷村新司〕 41

「センチメンタル・ジャーニー」ドリス・デイ〔詞､曲・ブラウン〕 178

「早春賦」唱歌〔詞・吉丸一昌　曲・中田章〕 153
「蘇州夜曲」渡辺はま子､霧島昇／おおたか静流〔詞・西條八十　曲・服部良一〕 80
「空の神兵」灰田勝彦､大谷冽子〔詞・梅木三郎　曲・高木東六〕 109

た

「立ちどまるな　ふりむくな」沢田研二〔詞・阿久悠　曲・大野克夫〕 19
「煙草屋の娘」岸井明､平井英子／高橋クミコ〔詞､曲・鈴木静一〕 76
「誰か故郷を想わざる」霧島昇〔詞・西條八十　曲・古賀政男〕 41
「誰か夢なき」竹山逸郎､藤原亮子〔詞・佐伯孝夫　曲・清水保雄〕 41, 113

「小さな竹の橋で」ディック・ミネ〔詞・フレッチャー　曲・シャーマン　訳詞・柏木みのる〕 38
「地下鉄にのって」猫〔詞・岡本おさみ　曲・吉田拓郎〕 85
「茶目子の一日」高橋クミコ〔詞､曲・佐々紅華〕 76
「朝刊」グレープ〔詞､曲・さだまさし〕 71

「追伸」グレープ〔詞､曲・さだまさし〕 72

「さよなら」岸洋子〔詞・リヴァ、トーマス　曲・ルヴォー　訳詞・山上路夫〕 53
「さよならはダンスの後に」倍賞千恵子〔詞・横井弘　曲・小川寛興〕 54
「さよなら皆様」宝塚歌劇団〔詞・内海重典　曲・河崎一朗〕 54-55
「さよなら列車」都はるみ〔詞・関沢新一　曲・市川昭介〕 54
「さよならをするために」ビリー・バンバン〔詞・石坂浩二　曲・坂田晃一〕 54
「さらばハイセイコー」増沢末夫〔詞・小坂巖、補作詞・山田孝雄　曲・猪俣公章〕 53
「ざんげの値打ちもない」北原ミレイ／坂本冬美〔詞・阿久悠　曲・村井邦彦〕 86, 193-194
「サンタ・ルチア」ナポリ民謡〔不詳〕 47
「讃美歌三一二番（いつくしみ深き）」〔詞・スクライヴェン　曲・コンヴァース　訳詞・日本基督教団〕 80
「三面記事の女」美川憲一〔詞・小谷夏　曲・米山正夫〕 31-32

「思秋期」岩崎宏美〔詞・阿久悠　曲・三木たかし〕 19
「ジャバのマンゴ売り」灰田勝彦、大谷冽子〔詞・門田ゆたか　曲・佐野鋤〕 38
「しゃぼん玉」唱歌〔詞・野口雨情　曲・中山晋平〕 62-63
「ジャングル・ブギー」笠置シヅ子〔詞・黒澤明　曲・服部良一〕 191
「十九の春」沖縄民謡／田端義夫〔補作詞・本竹裕助〕 81, 100
「自由の女神」黛ジュン〔詞・なかにし礼　曲・三木たかし〕 22, 92, 100
「精霊流し」グレープ〔詞、曲・さだまさし〕 72
「昭和枯れすゝき」さくらと一郎〔詞・山田孝雄　曲・むつひろし〕 182-183, 186
「昭和放浪記」水前寺清子〔詞・阿久悠　曲・小林亜星〕 17, 181
「ジョニィへの伝言」ペドロ&カプリシャス〔詞・阿久悠　曲・都倉俊一〕 86, 100
「ジョリー・シャポー」クラヴォー／丸山臣吾〔詞・シャドラン、フォントノワ　曲・フォントノワ〕 135-137

「黒い花びら」水原弘〔詞・永六輔　曲・中村八大〕 194

「毛皮のマリー」イヴ・モンタン／丸山臣吾（美輪明宏）〔詞・ヴァルナイ　曲・エイラル〕 137, 146

「恋のアマリリス」二葉あき子〔詞・西條八十　曲・服部良一〕 115, 176
「恋の曼珠沙華」二葉あき子〔詞・西條八十　曲・古賀政男〕 189
「拘禁のブルース」大川栄策〔詞・秋月ともみ　曲・古賀政男〕 127
「高原の旅愁」伊藤久男〔詞・関沢潤一郎　曲・鈴木義章〕 191
「荒城の月」唱歌〔詞・土井晩翠　曲・瀧廉太郎〕 155
「紺屋高尾」浪曲〔不詳〕 179
「故郷を離るる歌」ドイツ民謡〔詞・吉丸一昌〕 53
「心のこり」細川たかし〔詞・なかにし礼　曲・中村泰士〕 187
「コバルトの季節の中で」沢田研二〔詞・小谷夏　曲・沢田研二〕 99
「五番街のマリーへ」ペドロ＆カプリシャス〔詞・阿久悠　曲・都倉俊一〕 86
「湖畔の宿」高峰三枝子〔詞・佐藤惣之助　曲・服部良一〕 172, 189
「こんにちは赤ちゃん」梓みちよ〔詞・永六輔　曲・中村八大〕 31

さ

「再会」松尾和子〔詞・佐伯孝夫　曲・吉田正〕 126
「サウスポー」ピンク・レディー〔詞・阿久悠　曲・都倉俊一〕 187
「さくらの唄」三木たかし／美空ひばり〔詞・なかにし礼　曲・三木たかし〕 24, 90-92, 94
「さざんかの宿」大川栄策〔詞・吉岡治　曲・市川昭介〕 25, 100
「さだめのように川は流れる」杏真理子〔詞・阿久悠　曲・彩木雅夫〕 16, 86
「サマー・タイム」エラ・フィッツジェラルド、ルイ・アームストロング〔詞・ヘイワード　曲・ガーシュイン〕 179
「侍ニッポン」徳山璉〔詞・西條八十　曲・松平信博〕 32

「かえり船」田端義夫〔詞・清水みのる　曲・倉若晴生〕 106
「各駅停車」猫〔詞・喜多條忠　曲・石山恵三〕 85
「カスバの女」エト邦枝〔詞・大高ひさを　曲・久我山明〕 48
「カタリ」ナポリ民謡〔詞・コルディフェッロ　曲・カルディッロ〕 47-48
「喝采」ちあきなおみ〔詞・吉田旺　曲・中村泰士〕 93, 196
「加藤隼戦闘隊の歌」灰田勝彦〔詞・田中林平、旭六郎　曲・原田喜一、岡野正幸〕 109
「悲しき口笛」美空ひばり〔詞・藤浦洸　曲・万城目正〕 138
「悲しき竹笛」近江俊郎、奈良光枝〔詞・西條八十　曲・古賀政男〕 11-12, 14, 40, 106, 189
「哀しき子守唄」大川栄策〔詞・不詳　曲・好田忠夫〕125
「カプリ島」ディック・ミネ〔詞・ケネディー　曲・グロース　訳詞・柏木みのる(門田ゆたか)〕 107
「唐獅子牡丹」高倉健〔詞・矢野亮、水城一狼　曲・水城一狼〕 128-131
「かりそめの恋」三條町子〔詞・高橋掬太郎　曲・飯田三郎〕 113, 138
「可愛いスーチャン」〔不詳〕 127
「神田川」かぐや姫〔詞・喜多條忠　曲・南こうせつ〕 85
「勘太郎月夜唄」小畑実、藤原亮子〔詞・佐伯孝夫　曲・清水保雄〕 189
「乾杯」長渕剛〔詞、曲・長渕剛〕 42

「北の宿から」都はるみ〔詞・阿久悠　曲・小林亜星〕 196
「君待てども」平野愛子〔詞、曲・東辰三〕 13, 41, 64-66, 97, 108
「急流」岸洋子ほか〔詞・リマン　曲・カルミ　訳詞・薩摩忠〕 64
「兄弟仁義」北島三郎〔詞・星野哲郎　曲・北原じゅん〕 25-26
「燦めく星座」灰田勝彦〔詞・佐伯孝夫　曲・佐々木俊一〕 109, 112
「銀座裏界隈」牧憲幸〔詞・星野哲郎　曲・藤原秀行〕 26
「銀座カンカン娘」高峰秀子〔詞・佐伯孝夫　曲・服部良一〕 138-139

「暗い日曜日」ディック・ミネ〔詞・ラースロー　曲・レジェー　訳詞・柏木みのる〕 38
「黒いパイプ」二葉あき子〔詞・サトウハチロー　曲・服部良一〕 13, 109

「異人娼婦の唄（満人娼婦の唄）」高橋クミコ〔詞・不詳　曲・藤原義江〕74-75
「イン・ザ・ムード」グレン・ミラー楽団〔ガーランド作曲〕178-179

「ウィーン綺想曲」〔クライスラー作曲〕78
「うすなさけ」(邦題) → カタリ　47
「唄入り観音経」浪曲〔三門博作〕179
「乳母車」菅原洋一〔詞・阿久悠　曲・森田公一〕19
「海ゆかば」〔詞・大伴家持(『万葉集』)　曲・信時潔〕60-61
「裏町人生」上原敏、結城道子〔詞・島田磐也　曲・阿部武雄〕189

「大利根月夜」田端義夫〔詞・藤田まさと　曲・長津義司〕177
「オクラホマ・ミキサー」アメリカ民謡〔不詳〕(「あんまりあなたがすきなので」おおたか静流〔詞・おおたか静流〕) 80
「おさらば東京」三橋美智也〔詞・横井弘　曲・中野忠晴〕36, 54
「お正月」唱歌〔詞・東くめ　曲・瀧廉太郎〕84-85
「オ・ソレ・ミオ」ナポリ民謡〔詞・カプッロ　曲・マッツッキ〕47
「お茶の水えれじい」井上順〔詞・阿久悠　曲・大野克夫〕19-20
「お使いは自転車に乗って」轟夕起子〔詞・上山雅輔　曲・鈴木静一〕189
「乙女のワルツ」伊藤咲子〔詞・阿久悠　曲・三木たかし〕19
「朧月夜」唱歌〔詞・高野辰之　曲・岡野貞一〕59, 79, 115, 151-158, 171
「おもいでのアルバム」唱歌〔詞・増子とし　曲・本多鉄麿〕81
「おもちゃの交響曲」〔伝ハイドン作曲〕28, 103
「女のためいき」森進一〔詞・吉川静夫　曲・猪俣公章〕32
「おんなの宿」大下八郎〔詞・星野哲郎　曲・船村徹〕26-27, 100

か

「帰らざる日々」アリス〔詞、曲・谷村新司〕42

曲 名 索 引

歌唱者・奏者はオリジナルまたは本文に拠った。

あ

「哀愁波止場」美空ひばり〔詞・石本美由起　曲・船村徹〕 79
「哀愁列車」三橋美智也〔詞・横井弘　曲・鎌多俊与〕 36, 93
「愛と死をみつめて」青山和子〔詞・大矢弘子　曲・土田啓四郎〕 31
「愛のさざなみ」島倉千代子〔詞・なかにし礼　曲・浜口庫之助〕 22
「青い小径」灰田勝彦〔詞、曲・ジェイコブス、ノーブル　訳詞・永田哲夫〕 113
「青い山脈」藤山一郎、奈良光枝〔詞・西條八十　曲・服部良一〕 115, 176, 191
「赤い靴のタンゴ」奈良光枝〔詞・西條八十　曲・古賀政男〕 189
「憧れのハワイ航路」岡晴夫〔詞・石本美由起　曲・江口夜詩〕 180, 189
「As Time Goes By」D.ウィルソン(『カサブランカ』)〔詞、曲・ハプフェルド〕 59
「熱き心に」小林旭〔詞・阿久悠　曲・大瀧詠一〕 20-21
「あなたならどうする」いしだあゆみ〔詞・なかにし礼　曲・筒美京平〕 22-23, 93
「あの鐘を鳴らすのはあなた」和田アキ子〔詞・阿久悠　曲・森田公一〕 17
「雨」ジリオラ・チンクエッティ〔詞、曲・パーチェ他〕 47
「雨がやんだら」朝丘雪路〔詞・なかにし礼　曲・筒美京平〕 22
「雨のオランダ坂」渡辺はま子〔詞・菊田一夫　曲・古関裕而〕 106, 191, 201
「アルプスの牧場」灰田勝彦〔詞・佐伯孝夫　曲・佐々木俊一〕 112
「あんまりあなたがすきなので」→ オクラホマ・ミキサー 80

謝辞

この本への収録をご快諾くださった小林亜星さん、阿久悠さんのご子息である深田太郎さんに、心から御礼申し上げます。そして、出版を提案してくださった佐藤剛さん、その急ぎの出版を引き受けてくださった幻戯書房の田尻勉さん、最後に、生き生きと編んでくださった佐藤英子さんに深い感謝を。

葉桜の夜に　久世朋子

JASRAC 出 1604286-601

久世光彦（くぜ・てるひこ）

一九三五年東京生まれ。東京大学文学部美学科卒業後、ラジオ東京（現TBS）入社、演出家・プロデューサーとして「時間ですよ」「寺内貫太郎一家」「ムー一族」など数多くのテレビドラマを手がけた。七九年退社後、カノックスを設立。九二年「女正月」他の演出で芸術選奨文部大臣賞を受賞。また五十歳を過ぎての作家活動でも九三年『蝶とヒットラー』でドゥマゴ文学賞、九四年『一九三四年冬―乱歩』で山本周五郎賞、九七年『聖なる春』で芸術選奨文部大臣賞、二〇〇一年『蕭々館日録』で泉鏡花賞を受賞。他に『昭和幻燈館』『花迷宮』や森繁久彌の聞き書き「大遺言書」シリーズ、連載十四年に及んだ「マイ・ラスト・ソング」シリーズ、没後刊行の『歳月なんてものは』『嘘つき鳥』など著書多数。

歌が街を照らした時代

二〇一六年五月十日　第一刷発行

著　者　久世光彦
発行者　田尻勉
発行所　幻戯書房
郵便番号一〇一-〇〇五二
東京都千代田区神田小川町三-十二
電　話　〇三-五二八三-三九三四
FAX　〇三-五二八三-三九三五
URL　http://www.genki-shobou.co.jp/

印刷・製本　中央精版印刷

　ISBN978-4-86488-097-8　C0095

幻戯書房の好評既刊（各税別）

歳月なんてものは
嘘つき鳥　　久世光彦

映像の仕事を通して知り合った人たち、読書にふけった少年の日々――。
単行本未収録の幻のエッセイを精選。
あとがきにかえて＝久世朋子／解説＝小泉今日子（『嘘つき鳥』）　◎各2,500円

昭和の歌100　君たちが居て僕が居た　　小西良太郎

レコード大賞審査委員長を務めた名物記者にして名プロデューサー、芸能の表も裏も知り尽くした著者による〈昭和歌謡史〉。ヒット曲とその秘話。　◎2,600円

歌は季につれ　　三田 完

“俳句の家”に生まれ、NHKで歌謡番組を制作、昭和最大の作詞家・阿久悠を陰で支えた小説家がつづる、〈昭和の歌〉の歳時記。　◎2,200円

昭和十年生まれのカーテンコール　　鴨下信一

数々の名作ドラマを手がけた東京下谷育ちの演出家が、なじみ親しんだ言葉や風習、芸能、文学などを通して、日本人が失いつつあるものを考察。　◎2,500円

甲子園の詩 完全版　敗れざる君たちへ　　阿久 悠

スポニチ夏の風物詩、1979年から2006年まで続いた名物連載を完全再録。全試合・全球の目撃者として球児の美しさと儚さを讃えた27年の記録。　◎2,800円